老板财税管控一本通

蔡宛桐 著

内 容 提 要

本书是一本写给创业者的财务扫盲书。本书结合案例分析，全面介绍了财务基础知识及如何搭建企业财务系统的各个模块，从多维度强化业财融合思维，实操性比较强。

本书分为13章，涵盖的主要内容包括老板不懂财务的九大危害、老板十大财务思维、老板要掌握的17个业财指标、十大节税方案、如何解读财务报表、如何管理财务人员、财务战略规划、账行天下——账系统、钱出一孔——钱系统、税税平安——税系统、算得精准——预算系统、内控有方——内控系统、投融有道——投融资系统。

本书内容通俗易懂，案例丰富，实用性强，特别适合零财务基础的老板、刚入职场的大学毕业生、想转型做财务顾问和财务咨询的财务人员及其他财务学习者阅读。另外，本书也适合作为相关培训机构的教材使用，职教改革、财务服务机构都可以使用本书进行学习。

图书在版编目（CIP）数据

老板财税管控一本通 / 蔡宛桐著. — 北京：北京大学出版社, 2024.3
ISBN 978-7-301-34837-6

Ⅰ. ①老⋯ Ⅱ. ①蔡⋯ Ⅲ. ①企业管理－财务管理－中国 Ⅳ. ①F279.23

中国国家版本馆CIP数据核字(2024)第017729号

书　　　名	老板财税管控一本通
	LAOBAN CAISHUI GUANKONG YIBENTONG
著作责任者	蔡宛桐　著
责 任 编 辑	刘　云　刘羽昭
标 准 书 号	ISBN 978-7-301-34837-6
出 版 发 行	北京大学出版社
地　　　址	北京市海淀区成府路205号　100871
网　　　址	http://www.pup.cn　新浪微博:@北京大学出版社
电 子 信 箱	编辑部 pup7@pup.cn　总编室 zpup@pup.cn
电　　　话	邮购部 010-62752015　发行部 010-62750672　编辑部 010-62570390
印 刷 者	河北滦县鑫华书刊印刷厂
经 销 者	新华书店
	720毫米×1020毫米　16开本　16印张　214千字
	2024年3月第1版　2024年3月第1次印刷
印　　　数	1-4000册
定　　　价	69.00元

未经许可，不得以任何方式复制或抄袭本书之部分或全部内容。
版权所有，侵权必究
举报电话：010-62752024　电子信箱：fd@pup.pku.edu.cn
图书如有印装质量问题，请与出版部联系。电话：010-62756370

前 言

兵马未动,粮草先行。企业运营,财务先行。经营企业应一手抓经营,一手抓算盘。企业间的竞争,核心是老板的较量;老板间的竞争,核心是管理的较量;企业管理的核心,是财务的管理。金税四期严监管,以数治税,财税规范势在必行。老板不需要懂财务具体如何去做,但是老板要懂如何做好财务管理。可以说,老板才是民营企业真正的财务总监。一个优秀的企业家,一定是半个财务专家。老板不仅要懂战略和规划,更要懂如何用财务管控业务,如何用报表运筹决策,如何用股权架构节税,如何用会计人员进行风控,如何用预算实现战略,如何用流程控制成本,如何用效率实现融资,如何用杠杆撬动资本;通过梳理企业的商业模式、招商方案,设计财务核算模型,做到业财融合一体化。

本书是笔者多年财务实战经验的总结,从企业的顶层股权架构、商业模式、招商方案入手,介绍了如何规避财税风险、完善内控制度、搭建财务系统、培养财务"铁军"、推行预算管理、采用数字化运营提高人效等内容,从而提高企业的核心竞争力——财务管控能力。希望通过本书,能够帮助面临财税难题的中小微民营企业的老板掌握最基本的财务知识,助力老板把企业做大做强,打造民族品牌,走向全世界,为共圆中国梦增砖添瓦，贡献自己的一份力量！

本书特色

- **视频教学**：附赠配套教学视频，以帮助读者高效、直观地学习重点内容。
- **从零开始**：本书内容零基础即可学习，通俗易懂，很容易理解和运用。
- **内容新颖**：本书紧密结合当下的金税四期系统。
- **经验总结**：全面归纳和整理笔者多年的企业财务规范实操经验。
- **内容实用**：结合大量实例进行讲解，中小微民营企业可以此为参考，来搭建企业的财务系统。
- **赠送表格**：附赠落地表格，以方便读者使用。

本书读者对象

- 零财务基础的老板。
- 刚入职场的大学毕业生。
- 想转型做财务顾问和财务咨询的财务人员。
- 相关培训机构的人员。
- 职教改革机构的人员。
- 财务服务机构的人员。
- 企业管理层人员。

温馨提示：本书配套资源，请用微信扫描下方二维码关注公众号，输入本书77页的资源下载码，获取下载地址及密码。

目录

第1章 老板不懂财务的九大危害 ... 001

- 1.1 股权架构混乱 ... 002
  - 1.1.1 股权设计中的九条线 ... 002
  - 1.1.2 如何确定股东身份 ... 003
  - 1.1.3 常见的错误股权比例 ... 004
  - 1.1.4 常见的正确股权比例 ... 009
- 1.2 公私不分 ... 010
- 1.3 账务核算不清 ... 012
- 1.4 内控制度不健全 ... 013
- 1.5 税务风险高 ... 014
- 1.6 做事无预算 ... 015
- 1.7 成本浪费严重 ... 017
- 1.8 财务人员管理困难 ... 018
- 1.9 现金流断裂,企业倒闭 ... 019

第 2 章 老板十大财务思维 021

- 2.1 财富安全思维 022
- 2.2 公司平台化，员工创客化思维 024
- 2.3 招商思维 025
- 2.4 现金为王思维 026
- 2.5 投资回报思维 028
- 2.6 财务管控思维 029
- 2.7 数字目标思维 031
- 2.8 成本领先思维 034
- 2.9 纳税策划思维 037
- 2.10 商学院系统思维 039

第 3 章 老板要掌握的 17 个业财指标 041

- 3.1 周转率 042
- 3.2 投资回报率 042
- 3.3 增值税税负率 043
- 3.4 营业毛利率 045
- 3.5 总资产周转率 045
- 3.6 净利润率 046
- 3.7 一元工资利润率 047
- 3.8 毛利润增长率 048
- 3.9 净现金流 049
- 3.10 资产负债率 050
  - 3.10.1 债权人的立场 051
  - 3.10.2 股东的立场 051
  - 3.10.3 经营者的立场 052
- 3.11 每一元收入费用负担率 052
- 3.12 存货周转率 053
- 3.13 利润含金量 054

3.14	人均销售收入	055
3.15	人才培养完成率	056
3.16	招商完成率	057
3.17	客户满意度	058
	3.17.1 影响客户满意度的五个因素	058
	3.17.2 客户自循环系统的四个环节	059

第4章 十大节税方案 061

4.1	公司的法律形态与选择	062
	4.1.1 公司的法律形态	062
	4.1.2 公司法律形态的选择	064
4.2	公司平台化，员工创客化	067
4.3	招商思维	068
4.4	商学院思维	068
4.5	重塑供应链	069
4.6	业务分拆	070
4.7	改变交易方式和地点	071
4.8	合并、分立和重组	071
4.9	利用税收优惠政策	072
4.10	借力思维——请财务咨询师	074

第5章 如何解读财务报表 078

5.1	如何解读资产负债表	079
	5.1.1 名词解释	080
	5.1.2 分类	081
	5.1.3 会计恒等式	084
	5.1.4 资产负债表的结构	084
	5.1.5 资产负债表的解析	084

5.2 如何解读利润表 085
5.2.1 名词解释 086
5.2.2 分类 087
5.2.3 分红需要缴纳个人所得税 094

5.3 如何解读现金流量表 095
5.3.1 现金流量表的结构 096
5.3.2 现金流量表的解析 099
5.3.3 现金流量表的编制方法 099

第6章 如何管理财务人员 100

6.1 如何招聘财务人员 101
6.1.1 中小微企业的现状 101
6.1.2 财务人员的类型 102
6.1.3 如何面试财务人员 104
6.1.4 财务人员黄金十问 105

6.2 如何培养财务人员 105
6.2.1 财务人员的能力素养 106
6.2.2 设计财务晋升通道 107

6.3 如何考核财务人员 108

6.4 如何"送走"财务人员 109

第7章 财务战略规划 112

7.1 财务平衡铁三角 113
7.1.1 现金优先型 114
7.1.2 利润优先型 115
7.1.3 收入优先型 115

7.2 财务的四大平衡作用 116
7.2.1 平衡赚钱与风险 117

- 7.2.2 平衡赚钱与花钱 ... 117
- 7.2.3 平衡控制与效率 ... 117
- 7.2.4 平衡战略与资源 ... 117

7.3 民企财务的五个级别 ... 118
- 7.3.1 第一级：流水账级别 ... 118
- 7.3.2 第二级：糊涂账级别 ... 118
- 7.3.3 第三级：变革级别 ... 119
- 7.3.4 第四级：财务系统级别 ... 120
- 7.3.5 第五级：创造价值级别 ... 121

7.4 财务系统五年战略规划 ... 121
- 7.4.1 第一年：规范年 ... 121
- 7.4.2 第二年：内控年 ... 122
- 7.4.3 第三年：预算年 ... 122
- 7.4.4 第四年：价值年 ... 123
- 7.4.5 第五年：上市年 ... 123
- 7.4.6 财务铁军 ... 124

7.5 如何搭建财务系统 ... 126
- 7.5.1 搭建财务系统的四个必备条件 ... 126
- 7.5.2 财务系统主要包括哪些内容 ... 127
- 7.5.3 如何导入财务系统 ... 128

第8章 账行天下——账系统 ... 133

8.1 如何建账 ... 135
- 8.1.1 中小民营企业的账目现状 ... 135
- 8.1.2 会计的职能 ... 136
- 8.1.3 做好账的标准 ... 140
- 8.1.4 管理报表 ... 141

8.2 如何建立分钱账 ... 144
- 8.2.1 何为分钱账 ... 144
- 8.2.2 内、外账数据不一致，有哪些风险 ... 145

第9章 钱出一孔——钱系统 150

9.1 企业资金管理的问题 151
- 9.1.1 中小微企业常见问题 152
- 9.1.2 企业管钱的五个阶段 152
- 9.1.3 私户收款会给企业带来哪些税务风险 154

9.2 如何防止现金流断裂 157
9.3 钱系统的标准 159
9.4 应收账款的管理 160
- 9.4.1 应收账款的第一负责人——销售部 160
- 9.4.2 应收账款的第二负责人——财务部 161
- 9.4.3 应收账款管理十大步骤 161
- 9.4.4 催收应收账款的五大技巧 162
- 9.4.5 追款"三部曲" 162
- 9.4.6 对拖欠款项的处理 163

9.5 如何做好资金管理 163
- 9.5.1 资金安全管理六大原则 163
- 9.5.2 资金安全管理制度 165
- 9.5.3 资金安全管理报表 166

9.6 如何规范使用库存现金 171
- 9.6.1 现金的使用范围 171
- 9.6.2 现金的限额 172
- 9.6.3 现金收支的规定 172

第10章 税税平安——税系统 173

10.1 税法常识 174
- 10.1.1 什么是金税三期 174
- 10.1.2 什么是金税四期 177
- 10.1.3 金税四期重点稽查事项 177
- 10.1.4 主要的企业税法体系 182

10.1.5 税收违法行为及法律责任 ... 183
10.1.6 税收违法行为的种类 ... 183
10.1.7 税收违法行政责任处罚措施 ... 184
10.1.8 税收刑事法律责任 ... 184

10.2 交好税的标准 ... 189

10.3 企业常见的税务问题 ... 190
10.3.1 常见的税务历史遗留问题 ... 190
10.3.2 如何解决历史遗留问题 ... 192
10.3.3 如何应对税务稽查 ... 195
10.3.4 被稽查的常见问题 ... 196

10.4 顶层股权架构节税方案设计 ... 198

第11章 算得精准——预算系统 ... 200

11.1 企业的预算现状 ... 201
11.1.1 预算常见的认识误区 ... 201
11.1.2 预算的六大困境 ... 202

11.2 预算管理 ... 202
11.2.1 什么是预算 ... 202
11.2.2 预算的作用 ... 203
11.2.3 没有预算管理的后果 ... 204

11.3 如何编制预算 ... 204

11.4 如何管理预算 ... 207
11.4.1 导入预算管理系统的五个步骤 ... 207
11.4.2 预算的四种情况 ... 208
11.4.3 预算管理复盘总结与升华 ... 210

第12章 内控有方——内控系统 ... 221

12.1 企业常见的内控问题 ... 222

  12.1.1 常见的贪污手段 223

  12.1.2 内控方法 224

 12.2 如何防止出纳人员监守自盗 232

  12.2.1 库存现金的清查 233

  12.2.2 银行存款的清查 234

 12.3 如何进行实物资产清查 236

第13章　投融有道——投融资系统 239

 13.1 如何选择投资的赛道 240

 13.2 中小企业融资的方法 241

  13.2.1 招商的种类 241

  13.2.2 招商的五大策略 242

  13.2.3 招商销讲的核心 243

第1章 老板不懂财务的九大危害

有些老板学习过营销、商业模式、股权、阿米巴经营管理模式、团队打造、招商等，唯独没有学习过财务，其实财务是老板的一门必修课。有些老板不懂资金管理，导致企业现金流断裂甚至倒闭；还有些老板不懂税务风险，偷税漏税，买卖发票，最终锒铛入狱。那么，财务到底能给企业带来什么样的价值，老板不懂财务又会给企业带来哪些危害呢？

1.1 股权架构混乱

很多中小企业老板刚开始创业的时候，团队要么是几个朋友，要么是几个同学，要么是兄弟姐妹或夫妻二人，大家凭义气和感情平分股权。刚开始没赚到钱的时候，大家都在努力拼搏，等赚到钱以后，团队中的人开始各有各的想法：为什么他经常不来公司，却和我们分得一样多？为什么每次决策都是他拍板，我们也是股东啊。慢慢地，矛盾越来越多，团队从"同舟共济"走向"同床异梦""同室操戈"，最终"同归于尽"。

1.1.1 股权设计中的九条线

创业者在管理企业的实际操作中，常用的股权比例九条线如下。

（1）67%绝对控制线。持有67%股权的股东，拥有一家公司约三分之二的股份，有权修改公司章程、变更注册资本、合并公司、分立解散或变更公司形式等，拥有对公司的绝对控制权。

（2）51%相对控制线。第一大股东控股51%，拥有相对控制权，其他股东控股49%。持有51%股权的股东，有选举更换董事监事、审核利润分配、审查和批准公司的年度财务预算计划和最终结算计划等权利。

（3）34%安全控制线，又称"一票否决线"。持有34%股权的股东，在第一大股东做重大决策的时候，可以投反对票；拥有对公司章程修改、注册资本变更、公司合并、分立解散或变更公司形式等重大事项的否决权。

（4）30%上市公司要约收购线。收购人持有一家上市公司的股份达到该公司已发行股份的30%时，继续增持股份的，需要向全体股东发出收购上市公司全部或部分股份的要约。

（5）20%重大同业竞争警示线。如果一家拟上市公司的大股东，同时在另一家同行公司中拥有超过 20% 的股权，那么由于存在利益输送的可能，IPO（首次公开募股）申请基本会被否决掉。

（6）10% 临时会议权。股东如果拥有 10% 的股权，就拥有举行临时会议的权利，并拥有临时提出质询、调查、起诉、清算、解散公司的诉权。例如，公司股东为了公司的发展，引进了风投机构，占股 10%。在这种股权结构下，如果该公司还想再引进一家风投机构，就会导致创始人的股权被稀释，新的投资人不愿意进来。这时，股东就可以申请召开临时会议，提出质询——到底要不要再引进一家风投机构。

（7）5% 重大股权变动警示线。在公司上市过程中，持股比例超过 5% 的股东持有股份或控制公司的情况发生较大变化时会影响公司上市进程。公司上市后，持股比例超过 5% 的股东信息披露和大股东一样严格且减持受限。

（8）3% 临时提案权。单独或合计持有公司 3% 以上股权的股东，可以在股东大会召开 10 日前提出临时提案并书面提交董事会。

（9）1% 代位诉讼权。董事、监事或高级管理人员等损害公司利益时，持有 1% 以上持有 1% 以上股权的股东为了公司的利益，可以以自己的名义直接向人民法院提起诉讼。股份有限公司需另行满足持股 180 日的条件。

1.1.2 如何确定股东身份

2020 年，我在做财务咨询的时候，有一位 60 多岁的叔叔向我咨询一个问题。

叔叔问："怎样才能证明我是股东？"

我问："叔叔遇到了什么事情？"

叔叔说："1996 年，我给一个朋友打款 100 万元开办了一家公司，从来没有参与过经营管理，也没有分红。现在要给孩子分财产了，去网上一查，才发现股东名单中没有我的名字。"

我问:"叔叔,之前有您的名字吗?"

叔叔说:"十多年前还有,后来不知道为什么没有了。"

我问:"您的钱是打到对公账户了吗?"

叔叔说:"没有,打到我朋友的个人银行账户了。"

我问:"办理营业执照的时候,您亲自签名了吗?"

叔叔说:"没有,好像是让人代办的。"

我问:"叔叔,您还能找到当时的汇款单吗?"

叔叔说:"这么多年了,找不到了。"

我问:"那您准备怎么处理呢?"

叔叔说:"算了,就当花钱买个教训吧。"

无疑,这是一个农夫与蛇的故事——朋友和财产都没了。

如何证明你是股东呢?记住,以下6项证据可以保护你的财产安全。

(1)工商注册股东信息。

(2)代持股协议。

(3)股东合作协议。

(4)股权证书。

(5)股东名册。

(6)出资证明书。

1.1.3 常见的错误股权比例

我在辅导企业的过程中发现,没有系统学习过股权课程的创业者,在设计股权比例时经常会出现以下几种错误股权比例。

(1)两个人的股权比例。

方案A:50%:50%。

方案B:65%:35%。

方案C:98%:2%。

第 1 章 老板不懂财务的九大危害

（2）三个人的股权比例。

方案 A：33.33%∶33.33%∶33.34%。

方案 B：35%∶35%∶30%。

方案 C：40%∶40%∶20%。

（3）四个人的股权比例。

方案：25%∶25%∶25%∶25%。

温馨提示

案例旨在引导大家思考，在实际操作中，大家要学会举一反三。

下面以两个人的股权分配为例，进行股权平分的案例解析。

案例解析一

广州××公司是一家互联网公司，两位股东李总和王总是大学同学，两人各持 50% 的股权。李总负责研发，王总负责销售。一开始两人齐心协力，加班加点拼命工作，经常编写代码熬夜到凌晨两三点，期待着哪个小程序可以用，哪个管理软件可以实施，并沉浸在研发成功的喜悦当中。

两年过后，李总依然经常研发到深夜，王总却总是早早地下班回家，久而久之李总的妻子就有意见了。

李总的妻子说："你到底还要不要这个家？人家王总整天吃喝玩乐，你整天在办公室研发，就应该多给你分点股份。"

"枕边风"吹得多了，李总也觉得不公平，于是就找王总商量能不能多给一点分红或股权。

王总说："我开发市场，到处给人赔笑脸、拉关系，应酬喝到吐的时候，你在办公室吧？看在咱们是老同学的分儿上，我都没有和你说让你给我多点分红或股权。"

问题没有得到解决，一场没有硝烟的战争拉开帷幕，双方都开始准备自己的后路。李总忙着找其他的互联网公司谈跳槽的事情。王总忙着找研发人员，替代李总的研发工作。

在公司成立的第四年，两人一拍两散，各自为安，最初的好兄弟最终分道扬镳。

这也是很多初创企业的问题，各持50%的股权，谁是第一大股东？有分歧时听谁的？涉及利益的时候，谈不拢怎么办？

金财宛桐点评

50%：50%股权平分，没有明确规定谁是第一大股东，最终结果只能是分家。

案例解析二

张总和李总共同创办了一家传媒公司进行直播带货，张总持股65%，李总持股35%。

张总说："咱们已经有带货经验了，要不再开一家教育公司吧，教大家怎么做直播卖货。"

李总说："咱们的主播只会卖货，不具备研发课程的能力。再说咱们也不懂会务流程，人从哪里来，讲师从哪里来，会务团队从哪里来？"

张总说："那咱们就花钱请人吧。"

李总说："需要投资多少钱？什么时候能回本？万一亏了怎么办？现在生意不好做，咱们能维持住现状，有点盈利就不错了。"

张总说："就是因为现在大家都不好做，咱们才应该开教育公司，教大家怎么做直播带货。"

李总说:"这样吧,既然你想做,你就去做。我属于保守派,你预算一下需要投资多少钱,什么时候能回本,亏了算谁的。"

张总说:"我只看到这是一个机会,什么时候能回本我也不知道。"

李总说:"那就算了吧,我不赞同,我有35%的股权,有一票否决权,这个事情不能做。"

金财宛桐点评

①当一个商机出现在眼前的时候,第一大股东没有足够的决策权,着实让人为难。

②当股东拥有67%的股权时,就拥有公司的绝对控制权。

③当股东拥有34%的股权时,就拥有一票否决权。

案例解析三

黄总和丁总计划共同成立一家财务管理咨询公司。

黄总说:"金税四期来了,国家政策这么好,财务的'春天'来了。咱们这几年可以帮助更多的中小企业老板进行财务规范。咱俩成立一家公司,我持股98%,你持股2%。"

丁总同意了。

半年以后,路人甲问丁总:"黄总给你多少股权?"

丁总说:"2%。"

路人甲说:"以你的工作能力,最少也要给你20%的股权,怎么只给了2%?"

丁总说:"我也不懂这个,他说给多少就给多少,只要比打工强就行。"

路人甲说:"你这是把自己给'贱卖'了。以你的工作能力,自己就可以开一家财务管理咨询公司。"

丁总说:"我没想过。"

路人甲说:"我来给你策划,你出来做吧。我给你拉业务,咱俩分钱就行。"

就这样,丁总开始"另起炉灶",一边在原公司工作,一边又单独成立了一家公司。

金财宛桐点评

①大股东持股98%,这叫"吃独食"。

②小股东持股2%,无法激起主人翁意识和责任感,不能全力以赴地做业绩。

案例解析四

李总和王总原本是夫妻,和朋友张总共同开办了一家服装公司,李总持股40%,王总持股40%,张总持股20%。当这家服装公司做到全国市场前几名的时候,也开始了家族企业的权利之争。

李总说:"我想拓展线上业务。"

王总说:"不行,咱们现在不缺钱了,别折腾了,就这样安稳地过日子吧。"

李总说:"咱们有这么好的线下渠道,再加上线上渠道,不是更好吗?"

王总说:"我也是这个公司的股东,有40%的股权。你要是想折腾,就出去另外开一家公司做线上业务。"

李总说:"那不是还要再请人、租办公室吗?"

王总说:"那我不管。总之,这家公司保持原有的业务不变。"

无奈之下,李总只好自掏腰包,另立山头。

金财宛桐点评

①该公司没有设计好67%绝对控制线,这本身就有问题,为公司的发展埋下了隐患。

②一个中心为"忠",两个中心为"患"。

夫妻经营会为企业管理加入家庭关系,家庭关系偏人情,而企业管理偏理性。夫妻双方都作为创始人,一旦企业做大,一方退出为最好的方案。在家庭和事业中做好选择,鱼和熊掌不可兼得。

1.1.4 常见的正确股权比例

股权既要分得好,又要能保证第一大股东的决策权,还要激励其他股东有钱的出钱,有力的出力,有资源的出资源,大家齐心协力,把一家企业运营好。

(1)两个人的股权比例。

方案A:70%∶30%。

方案B:80%∶20%。

方案C:90%∶10%。

(2)三个人的股权比例。

方案A:70%∶20%∶10%。

方案B:80%∶10%∶10%。

方案C:90%∶5%∶5%。

(3)四个人的股权比例。

方案:70%∶10%∶10%∶10%

案例解析

广州××教育公司，李总持股70%，王总持股30%。2020年，新冠肺炎疫情暴发，很多教育公司无法开办线下课，纷纷倒闭。基于当时的情况，两位老总也在思考公司如何转型，这么多年投入的心血和积累的客户资源不能白白丢掉。于是该公司开始向线上教育转型，秉承教育的初衷——教育产业化，产业教育化。2020年，该公司迅速将业务转移到线上，邀请国内各行业的老师来讲课，为被困在新冠肺炎疫情中的中小民营企业家赋能。

"一把手"说开始转型，"二把手"就开始张罗对接各行业的师资，安排课程，包括招商、团队打造、阳明心学、易经、财务、股权、法务……就这样，该公司在新冠肺炎疫情之下维持到现在，是教育公司从线下转移到线上的一个比较成功的案例。

金财宛桐点评

①当大股东拥有70%的股权时，可以快速决策，果断转型。

②其他股东全力配合，拧成一股绳，应对突如其来的外界环境变化。

③两个人、三个人、四个人的股权分配原则同理，只要大股东控股在70%以上，都很容易快速做决策。

1.2 公私不分

很多中小民营企业老板觉得"公司是我的，我想怎么往家里拿钱都行"，把公司当成自家的"提款机"。殊不知，公司背后还有一个不记名的股东——国家。25%的企业所得税，你交了吗？

很多老板用个人银行卡收钱,再用个人银行卡发放工资。这种掩耳盗铃式的操作,在"以数治税"的今天,犹如在上演皇帝的新装。

还有的老板把给家里买的乱七八糟的东西由公司报销,想买什么东西就直接从公司账上划。这些行为可能涉及挪用公款、职务侵占罪等,硬生生把一家有限责任公司变成无限连带责任公司。这种现象,比比皆是。

案例解析

2019年,我在学习财务课程的会场,遇到一位50岁左右的女士。这位女士站在台上哭着说,她这么多年一直在家照顾孩子,从来没到公司工作过,结果现在丈夫被抓走了,公司被查封了,账户被冻结了,连孩子上学的费用都是向亲戚借的。

我问:"你丈夫没有提前给你们准备好一笔钱让你们生活吗?"

女士说:"没有,公司没钱的时候,我还用自己的卡往公司账户转钱。"

那一瞬间我明白了,老板是把公司当成自己的了,有钱了就从公司往家里拿,没钱了就从家里往公司拿。这就是典型的公私不分,导致自己锒铛入狱,妻儿连最基本的生活保障费也没有了。

金财宛桐点评

公私分明,是规范企业财务的首要任务。

1.3 账务核算不清

案例解析

一天,王总带着几个老板来我办公室喝茶。王总的公司 2021 年的营业额为 6000 万元。

王总问:"蔡老师,怎样把公司的账算清楚?"

我问:"发生什么事情了?"

王总说:"股东说了,再没有一个清晰的账本,就要撤资了。我需要这笔资金,公司才成立两年,目前还不稳定。"

我说:"那你就请个财务,重新建账,每个月出报表,给每个股东一份。每个季度召开股东会,由财务人员负责汇报这一季度的财务状况。公司亏在哪里、赚在哪里,大家一目了然,这样就可以避免股东分家了。"

王总说:"这个建议好,回去我就请个财务。"

金财宛桐点评

①清晰的账目,是每个投资者都想看到的,这样可以降低股东分家的可能。

②经营一家企业,首先要明确"权、责、利"。财权清晰,才有利于大家更好地做决策。

1.4 内控制度不健全

案例解析

一天，经营化妆品公司的李总来我办公室喝茶。李总公司的年营业额为1亿元。

李总说："蔡老师，我感觉我们公司的财务好像有点问题。"

我问："什么问题？"

李总说："我这个公司经营4年了，一直都是一个财务人员独自做账，独自收钱，独自报销，独自采购、监管仓库、录入数据。这中间会不会有什么问题？"

我笑着说："资金链一条线全部由一个人掌管，肯定有问题，因为没有人在后面监督。如果他多报销一笔费用，你知道吗？"

李总说："我想培养他以后做管理工作。这个人有责任心，人品挺好的。"

我说："培养人可以，但是要讲究方法。你这是在培养他怎么当老板，就差一个营销板块没有培养了。"

李总问："蔡老师，那该怎么办？"

我说："麻雀虽小，五脏俱全。每个部门都要建立起来，采用轮岗制度培养人才。例如，先去财务部待上半年，然后去仓库3个月，再去采购部2个月，不能一个人管理多个部门。"

李总说："蔡老师说得有道理，回去我就招聘人，把部门分开，安排不同的负责人。"

我说："是的，收支两条线要分开，管账的不管钱，管钱的不管账。"

李总说："蔡老师，你再帮我找个出纳吧。"

图1-1所示为财务部最简单的组织架构。

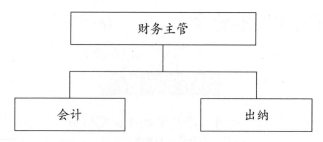

图 1-1　财务部最简单的组织架构

企业如何做好内部控制呢？要注意以下 6 点。

（1）收支两条线。

（2）授权要分明。

（3）建立内部稽核制度。

（4）采用轮岗制度培养人才。

（5）一个好的制度可以把坏人变成好人，一个坏的制度可以把好人变成坏人。

（6）不要用金钱考验人性，有多少人可以抵挡住金钱的诱惑呢？

1.5　税务风险高

2019 年秋天的一个凌晨，我接到一个电话，得知佛山××公司的老板因为缺发票，于是从海南购买虚假发票，他感觉自己受益很多，然后又介绍身边做实业的老板购买虚假发票，总额约 1 亿元。当我接到电话时，老板已经被抓走了，财务人员问我有没有办法。我说："人都被抓走了，还能有什么办法？"

根据《中华人民共和国发票管理办法》规定，以下三种开票行为是虚开发票行为。

（1）为他人、为自己开具与实际经营业务情况不符的发票。

第1章 老板不懂财务的九大危害

（2）让他人为自己开具与实际经营业务情况不符的发票。

（3）介绍他人开具与实际经营业务情况不符的发票。

根据《中华人民共和国刑法》第二百零五条，虚开增值税专用发票或者虚开用于骗取出口退税、抵扣税款的其他发票的，处三年以下有期徒刑或者拘役，并处二万元以上二十万元以下罚金；虚开的税款数额较大或者有其他严重情节的，处三年以上十年以下有期徒刑，并处五万元以上五十万元以下罚金；虚开的税款数额巨大或者有其他特别严重情节的，处十年以上有期徒刑或者无期徒刑，并处五万元以上五十万元以下罚金或者没收财产。

金财宛桐点评

① 千万不要低估税务机关的能力，抱有侥幸心理虚开发票。任何时候，企业必须合规经营，依法纳税，才能健康持续发展。

② 目前，很多企业都不懂政策，一边偷逃税，一边又多交税，不仅没有达到节税的目的，反而让企业面临的风险越来越大。

③ 那些所谓的"税收筹划"（灵活用工平台、代开发票平台、税收洼地等）多数都是违法的，真正的税务策划只能依赖商业模式的设计、招商方案的设计及税收优惠政策。

1.6 做事无预算

案例解析

广州××教育公司最初的业务很单一，就是给阿里平台上的企业培养人才，打通学校到企业的"最后一公里"，为学生提供就业岗位。

随着阿里平台上的企业业务量的增长，对学生的需求量也不断增加。这时候一些企业不仅需要应届实习生，还需要一些有经验的外贸专员、主管、经理、总监。于是，广州××教育公司又开通了另一个业务板块——企业端口，建立企业会员制模式，为企业定制培养人才。该公司在无法满足企业的需求后，又开拓了招聘业务，自己研发软件，一端连接在校大学生资源，一端连接企业资源。

该企业的商业模式看上去没有什么问题。但在实际运营过程中，出现了很多问题。学校不断地增加，师资从哪里来？外聘师资一天的费用高达8000元，而自己培养的师资一个月工资才8000元左右。人力成本没有得到很好的控制，导致院校方项目亏损。企业端投入十几万元开发的在线招聘软件没有推广起来，结果也打了水漂儿。

这是中小民营企业存在的典型问题——想一出是一出。看到有个机会，一拍脑袋，就砸钱去做，导致整个企业在运营过程中没有预算和规划。这也是民营企业财务管理存在的重大问题。

凡事预则立，不预则废。预算管理是企业最重要的管理工具，也是企业资源分配的工具，是实现发展战略的保障。然而，中小民营企业普遍没有推行预算管理，或者即使有预算也是简单的费用预算，预算管理与战略目标之间没有相互依存关系。

金财宛桐点评

①企业运营，预算先行。

②预算是企业盈利的灯塔。

③预算是一种管理工具，一方面引导收入目标朝着设定的方向及时调整，另一方面控制费用在事先筹划的活动中按标准支出。

1.7 成本浪费严重

案例解析

在一次企业走访中,我来到位于广州市白云区的一家生产企业,该企业的业务是为国内知名洗化品牌生产瓶子。企业的展厅布置得很大气,单看展厅是看不出任何问题的,但走进车间就会发现问题。

这家公司的仓管曾经和我一起学习,我去的时候没有告诉她。当她带领我们参观的时候,老板问:"这一堆瓶子是干什么用的?"

仓管说:"是需要退货的不合格产品。"

老板问:"有单据吗?"

仓管说:"昨天我休息了,是小王接收的,明天他来了,我们再核对一下。"

走到中间的走廊,我发现有很多订单,于是我问:"你们都是人工下单吗?有没有录入系统?"

仓管说:"目前还没有录入系统,都是人工下单。"

我问:"会不会出现漏登记的情况?"

仓管说:"会的,忙的时候就会忘记登记。"

我说:"你知道这个仓库一共有多少库存吗?"

仓管说:"不知道。我也才来半年,只知道一些最基础的,三楼和四楼都是生产车间。"

问题出现了,库房里放着一堆堆的库存,却连数据都没有。试问这一堆堆的库存值多少钱?这一堆堆的库存可是花了真金白银买回来的,现在还能变现吗?当废品处理会亏多少钱?如果这些钱放在银行里,一天又能收获多少利息?

如果一家企业连最基本的库存都无法核算清楚,那么怎么能核算清楚产品的成本,又如何定价?这里面潜藏着多大的危机?

财务规范的企业，它们的库存是怎么摆放的？数据是如何控制的？

例如，广州××生物科技有限公司仓库管理工作就做得比较好，产品摆放在哪个区域、数量有多少，打开库存软件一查就知道了。如果销售部让仓管查找某补水原液还有多少库存，仓管用库存软件一查就知道此产品摆放在A区第三排，库存数量为200件，精准到位。

2008年，我刚入职场的时候，公司花了200万元请专业的咨询团队搭建企业管理系统，其中也包括财务系统。每天下班时，财务部的工作人员要全部去仓库加班盘点库存，当场出数据，寻找差异，现场打单，等待签字。

金财宛桐点评

①成本管理是老板的必修课。

②成本管理得越精准，企业的保本点、盈利点也就核算得越精准。

③用好库存管理、沟通成本、决策成本"三板斧"砍掉企业成本。

1.8 财务人员管理困难

案例解析

广州××公司的财务经理是老板娘的朋友，来到公司一个月就要求更换财务软件。老板娘为了抓住公司的财政大权，对财务经理言听计从，花了30多万元更换了财务软件。但是，更换新财务软件后，只有财务经理一个人会使用，其他人员都不会使用。成本会计依然使用表格核算成本，费用会计也是从表格里导出数据，再自己调整。新财务软件更是无法满足出纳的工作需求。除了用财务软件录入数据，出纳还要做一份表格提供给费用会计、应付会计、应收会计和成本会计核对数据。该公司新旧两款财务软件都没有用好,导致月底报表做不出来,数据混乱,漏洞百出。忽然有一天,公司接到税务局的电话——财务人员拿着报表去了税务局,税务局税务人员看到报表后,发现这家公司存在巨大的税务风险。最终这家公司补税2000多万元。

如何管理财务人员,也是一个令老板头疼的问题。

金财宛桐点评

①老板和财务人员要统一战线,如果财务人员不能成为老板的心腹,必将成为老板的心腹之患!

②老板可以不做财务,但是一定要懂财务管控。

③老板要多出去学习,寻找更好的人才,做好人才储备。

1.9 现金流断裂,企业倒闭

案例解析

2021年,我在举办一期老板财税沙龙活动的时候,王总问我:"蔡老师,我们在哪里可以找到一个为我们提供财务数据、做决策的高级财务人员?"

我问:"您的企业遇到什么问题了?"

王总说:"前几年,电缆市场行情挺好的,从厂家进货满足不了我们的需求,有时候还会耽误工期,于是我们就自己投了一个电缆厂。近几年受新冠肺炎疫情影响,生意不好做。另外,受多重因素的影响,房价下跌,现金流也断了,导致工人的工资都发不出来,上个月电缆厂倒闭了。"

我说:"受大环境影响,大家都不好做。这和您要找一个高级财务人员有什么关系吗?"

王总说:"如果当时有财务人员给我们提供数据分析,我们可能就不会独自投电缆厂,而是联合其他老板一起。这样既能降低我们的风险,又能减少现金流的投放,不至于像现在这样被动。"

我说:"您接下来准备投什么新项目,就去找这个行业的资深会计,毕竟高手都是从别人的企业试错出来的,经验都是来自错误的积累。"

一个神枪手是子弹喂出来的,一个好的财务人员是错误堆积出来的。老板不要计较眼下财务人员要开多少工资,要想一想对方能帮你规避多少风险。任何时候,价值和价格都是对等的,用一分钱买不到一万块钱的东西。

金财宛桐点评

①面对市场低迷,要轻资产、重营销、大现金流。

②现金流管控11字箴言:收得快,付得慢,中间不沉淀。

第2章 老板十大财务思维

在成本透明化、利润透明化的今天,企业如何降本增效,如何推行数字化管理运营提高人效从而提高企业的利润率,成为当下中小微企业老板面临的迫在眉睫的问题。企业如何通过招商快速获取现金流,如何通过销讲整合资源、吸引优质人才,也是当下企业所面临的问题。

基于上述问题,新一代的业财融合一体化的老板财务思维应运而生。"产业教育化,教育产业化;公司平台化,员工创客化"成为企业最好的选择。

2.1 财富安全思维

经营企业要坚守两大底线：确保财产安全合法，确保自己的人身自由。

安全是"1"，财富是"0"，如果"1"都没有了，就算有再多的"0"又有什么意义呢？如果一个企业的财产不是合法财产，那就意味着老板一只脚在监狱门里，另一只脚在监狱门外。

如何确保企业财产安全合法呢？第一，要正规经营。第二，要依法纳税。

创业老板很少会看《中华人民共和国公司法》《中华人民共和国企业破产法》《中华人民共和国刑法》。在创业前，老板要先清楚公司的性质。例如，个体户承担无限连带责任；有限公司承担有限责任。

然而现实中，很多中小企业老板把有限责任做成了无限责任。

很多老板还没有把这些最基本的常识弄明白，就稀里糊涂地开始创办企业了，途中因为经营不善导致倾家荡产、妻离子散、老无所依、少无所养。那么我们到底该如何保证企业财产安全合法呢？

案例一：私人账户收钱怎么办

广州××服装有限公司自产自销女装，内外贸一体化经营，王总100%持股。

王总说："蔡老师，很多客户把款打到我的私人账户上，然后我用私人账户发放工资，购买材料。"

我问："你一年赚了多少钱？"

王总说："现在生意很难做，交租金、发工资、支付材料款之后，所剩无几了，上个月还亏了呢。"

我说："我以为你赚了很多钱，不想交税，才用私人账户收款。"

王总说：“没有赚钱，到年底能维持住日常开支就不错了。”

我问：“你知道个人所得税汇算清缴吗？”

王总说：“听说过，具体不太清楚。”

我接着问：“如果税务局的工作人员让你解释私人卡上的钱的来源、用途，你该如何解释？”

王总说：“就是客户转给我的货款，我用来发工资、买材料了。”

我说：“你这叫公私不分，如果公司经营出了问题，你要承担无限责任，有可能倾家荡产。”

王总说：“蔡老师，我要赶紧规范财务，您帮我设计方案吧，我付咨询费给您。”

根据王总的介绍，我给他设计了以下方案。

（1）开设银行基本账户。

（2）签订协议通过银行代发员工薪酬。

（3）所有的收支都要经过对公账户。

（4）给老板和老板娘发放工资。

（5）采购材料、业务招待等要有发票。

（6）请一个财务人员，把账务系统建立起来，为后期的预算管理做准备。

（7）不定期轮岗、抽查、内审，防止内部舞弊。

案例二：倒卖专票

深圳××财务服务机构的老板注册不同行业的多家公司，领取增值税专用发票，给客户虚开增值税专用发票。该机构老板因虚开增值税专用发票数额巨大被判刑。

这位财务服务机构的老板，明知虚开增值税专用发票数额过大会触犯刑法，却禁不住利益的诱惑，把自己的大好青春葬送在监狱里。

2.2 公司平台化，员工创客化思维

"产业教育化，教育产业化；公司平台化，员工创客化"是最好的选择。公司与合作伙伴签订代理合同，既可以解决当下现金流紧张的问题，又可以合理规避社保和个税的风险。

在"公司平台化，员工创客化"商业模式下，每个人都在为自己而努力，公司和员工是合作关系，而非雇佣关系。这种商业模式激发了团队中每个人的主人翁精神，多劳多得。

案例：公司平台化，员工创客化

"公司平台化，员工创客化"是新冠肺炎疫情刚开始的时候，中商教育创办人吴帝聪提出的。在大家都处于迷茫和焦虑中时，吴帝聪带领中商教育的员工转战线上，成立线上商学院，为企业赋能。吴帝聪把研发部、销售部、会务部、讲师部独立出来，只保留了财务部、人事部、客服部这些后勤保障部门。各部门独立核算以后，公司只收取营收款的20%作为运营管理费用，另外80%的营收款由各部门自行分配。除了本公司的业务，独立核算的部门还可以承接其他公司的业务。就这样，中商教育在吴帝聪的带领下，于2020年成功实现转型。业务能力强的人员的基本工资和奖金相较以前得到大幅提升。

后来，吴帝聪把这套行之有效的方案教授给中商教育的会员客户，在新冠肺炎疫情之下，挽救了一批实体企业。

2.3 招商思维

招商是渠道的裂变，是商业模式的变形与升级。招商即招人、招资、招市场。

与企业银行贷款、出让股权相比，招商有以下好处。

（1）从市场上获取资金。

（2）不用付银行贷款利息。

（3）不用稀释股权。

通过招商，可以快速进行资源整合，吸纳优质人才。

案例一：如何通过招商快速占领市场

我们在很多地方会遇到扫码免费领取纸巾的活动。七十二传媒有限公司正是通过共享纸巾机这一媒介实现了线上和线下广告一体化，依托多场景化数字智能营销技术助力中国企业蓬勃发展。七十二传媒有限公司为企业提供品牌建设、品牌营销、品牌宣传、品牌价值等多维度、全方位的专业服务，帮助中国中小企业实现品牌价值变现。

中商教育创办人吴帝聪投资了七十二传媒有限公司，并兼任招商顾问，历时3年，让该公司成为行业标杆并成功上市。

由于这家公司没有做好顶层的资本布局，上市以后，又出现了问题，真心呼吁大家，在准备走向资本市场的时候，先把顶层资本布局和内部治理设计好，再进行招商。

一个好的项目，不仅可以吸引投资人，还可以吸引优秀的招商顾问。企业有了招商顾问，也就有了人才和资金。企业召开招商会，招募全国代理商，就可以快速抢占客户，扩大市场份额。

案例二：如何运用招商进行融资、融市场

广州××健康科技有限公司致力于艾草灸替代烟产品的研究、探索、挖掘，以及艾草种植、研发、生产。该公司自主研发艾草系列产品，打造艾草全产业链生态圈，由国内艾草研究领域顶级专家组成顾问团队，深度挖掘和利用艾草灸的药理价值，为健康中国行动做出了重要贡献。该公司拥有上万亩艾草种植基地、艾草制品生产基地、艾草文化主题小镇、品牌运营中心、新零售平台等多个业务实体，在大健康艾草灸领域极具社会价值与影响力。

2022年4月26日，广州××健康科技有限公司完成1000万元的天使轮融资。

2022年5月27日，在四川的一场沙龙活动中，吴帝聪用6分钟收单31个门店。

通过一场沙龙活动拓展市场，收几百万元的管理费用，输出产品培训体系、技术指导，打造一支招商"铁军"，相比逐个拓展客户，是不是节省了很多营销费用？这就是老板要有招商思维的原因所在。

2.4 现金为王思维

现金流是企业的生命线。现金流相当于人的心脏，如果心脏不跳动了，人还能再活多久呢？

案例一：发不出工资，公司倒闭

广州白云××电子科技有限公司，每月10日发放上个月的工资，财务人员是刚毕业的大学生，由于没有实操经验，没有做好资金预算

管理，导致资金链断裂。2019年6月15日，由于发不出工资，公司倒闭。

该公司老板王总在听我讲老板财税沙龙的时候说："如果财务人员提前2天告诉我账上没钱了，就算是想尽办法，我也要把员工的工资发放出来。"

每一个创业者在创业之初都怀着满腔的热情，谁也不想看到自己辛辛苦苦创办的企业倒闭。如果财务人员没有做好资金预算，没有准备充足的现金流，企业将随时面临破产倒闭的风险。

案例二：应收账款收不回，怎么办？

2020年，我在抖音直播的时候，做红酒生意的李总和我连麦。

李总问："蔡老师，我的款收不回来怎么办？"

我问："有多少？"

李总说："2000多万元。"

我问："你的财务呢，不帮忙催款吗？"

李总说："没有财务人员，账是由代理记账公司做的。"

我说："那你亏大了，省了几万元的财务人员的工资，没了2000多万元的货款。"

李总说："我肠子都悔青了，早知道就自己请个财务帮我记账、催货款。"

我问："现在你准备怎么办，再开一家公司吗？"

李总说："是的，我准备先请一个财务人员，从公司成立开始做账，一笔不落地全部记下来，每个月定时催款。"

老板财税管控一本通

案例三：如何延长应付账款期限

广州××皮业有限公司是我曾经工作过的公司。刚开始供应商给这家公司的付款期限是30天，前3个月我按时打款，信誉良好，争取到了45天的付款期限。

接下来的3个月，每次付款时我都提前一天打款。有一天我打款后告诉对方查收货款，刚好听到他们的财务跟老板说："广州××皮业有限公司每次都是提前一天打款。"然后我就给对方业务员打电话，让他们帮忙申请60天的付款期限。

经过前面6个月的信誉累积，到第9个月付款的时候，业务员帮忙申请到了75天的付款期限。

如果一个财务人员能够通过自己的业务沟通，将30天的付款期限延长到75天，这样的财务人员是老板想要的吗？

2.5 投资回报思维

企业运营，财务先行。企业经营所花的每一分钱，都要视作投资。我们不是不能花钱，而是要把钱花在刀刃上。在"公司平台化，员工创客化"的今天，核算项目投资回报率是项目负责人的必备财税知识。如果某个项目在核算时是亏损的，不用开工，应该直接把该项目终止。

案例：如何进行项目核算

新思路教育是一家教育公司，主要为阿里巴巴国际站、亚马逊等平台提供外贸人才，同时为各大院校的毕业生提供实操内训，打通企业陪跑"最后一公里"，既为各大院校解决了毕业生就业问题，也为阿里巴巴国际站、亚马逊等平台提供了外贸人才。

2023年高校毕业季到来之前，××院校计划为毕业生安排一场为期15天的阿里巴巴国际站实训。校方拨付培训经费5万元，该怎么计算投资回报率呢？项目负责人要核算什么？

××院校阿里巴巴国际站教培项目预算如下。

（1）师资人数。

（2）课酬。

（3）物料。

（4）交通费。

（5）住宿费。

（6）双选会人数（企业、学生）。

如果财务人员核算出来的总费用为6万元，校方付了5万元，该项目亏损；如果财务人员核算出来的总费用为4万元，校方付了5万元，该项目盈利1万元，可以承接。

2.6 财务管控思维

赚取一分是毛利，节省一分是净利。有些老板营销做得很好，签了很多合同，结果却不知道钱都花在了什么地方。

案例一：老板不仅要会赚钱，还要会管钱

北京××教育公司的老板很会赚钱，是技术型人才，课程营销做得特别好，一堂大课甚至可以赚几千万元。为了扩大市场，该公司开了分公司，每一家分公司投资30万元。这些分公司中有的经营得好，有的

勉强维持经营，有的开了两三个月就关门了，原因何在？其原因在于对职业经理人的考核不到位，疏于管理。如果在职业经理人的考核指标里加上一条"分公司经营不善，关门一家扣除奖金5万元"，就不会出现这样的结果。为什么这么说呢？因为市场上有成功的案例。以前，××教育公司的一个广州总经理可以培养出15个分公司总经理，而且分公司做得都很好，没有关门的，分公司总经理纷纷成为公司的中流砥柱。

图2-1所示为企业铁三角运营体系：总经理负责运营公司，财务总监负责监管运营，总经理和财务总监对老板负责。

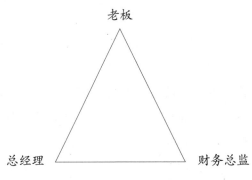

图2-1 企业铁三角运营体系

财务总监和老板关系更近还是和总经理关系更近？从理论上来讲，财务总监应该和老板关系更近，但是现实可能是相反的。因为在公司的管理团队里，大部分下属分、子公司的负责人是由总经理带来的或招聘来的，容易形成"小帮派"。在这种情况下，如果总经理离职，容易导致一批人集体离职，可能会使公司失去某个销售渠道，业绩也受到冲击。

一个公司的财务总监在与总经理的朝夕相处中，很容易被总经理以各种小恩惠"收买"，最后成为总经理的人，而不是忠于老板。财务总监在利益面前会选择"睁一只眼闭一只眼"。所以，老板在选择财务人员的时候要格外慎重。如果一个财务总监禁不住金钱的诱惑，不能及时汇报公司存在的问题，说明其职业操守有瑕疵，肯定需要撤换。

最可悲的是老板明明知道这种情况存在，却已经回天无力了，因为老板已经被总经理架空了。如果老板与总经理闹掰了,老板可能要从头开始。

所以,建议老板把公司的人事任免权和财务大权把控在自己手里。老板还要另外培养一支营销团队与原有的营销团队竞争,切忌公司出现营销团队一手遮天的情况。

案例二:选择供应商时,要考察产品吗?

佛山××不锈钢制品有限公司的老板的业务能力很强,能从国外开发业务订单。有一家钢材公司想给××不锈钢制品有限公司供货,于是钢材公司的老板就托关系请××不锈钢制品有限公司的老板吃饭。酒过三巡,××不锈钢制品有限公司的老板一激动就说:"好,我先给你们公司打款100万元,把货发过来吧。"等车间领用钢材的时候,车间主任发现这批钢材存在瑕疵,无法使用。车间主任给老板娘反映这个问题,但为时已晚。××不锈钢制品有限公司后续处理这批钢材时,不但耗费时间与精力,而且受到了一定的经济损失。

2.7 数字目标思维

企业采用数字化运营,推行预算管理,可以提高人效,从而提升企业的利润点。

案例一:公司周会

2016年,我在一家企业负责两账合一工作,2017年这家企业开始推行预算管理。以开周会为例，如果企业的管理层没有数字化思维，周一上午的时间用来开会都不够用。如果企业的管理层具备数字化思维，整个会议的时间可以缩短到2个小时。开会的前一天，相关人员需提交工作总结和新的工作计划，周一开会时汇报以下工作。

（1）业绩目标。

（2）目标达成率。

（3）没有完成的原因。

（4）需要哪个部门或子、分公司支持。

（5）新的工作计划需要哪些部门配合。

（6）新项目完成的时间节点、负责人等。

当时，老板说："老蔡，你的财务培训做得不错，给你发个创新奖。"

数字目标思维的作用就是"承上启下"，上接公司的战略目标，下接营销一部、营销二部、研发部、采购部、生产部、人力部、财务部、招商部、企划部等各个部门进行目标分解。

千金重担人人挑，人人头上有指标。

案例二：如何做目标分解

广州××皮革公司是一家集研发、生产、设计、销售于一体的制鞋企业，国内有几十家直营公司，同时与国外1000多家企业建立了良好的合作关系。

假设该公司2022年目标营业额为3亿元，应该如何实现？

（1）按照区域对目标营业额进行划分。

华东大区：7500万元。

华中大区：7500万元。

华南大区：7500万元。

华北大区：7500万元。

（2）对每个区域的目标营业额进行细分。

华南大区7500万元目标营业额细分如下。

广州：2000万元。

深圳：2000万元。

东莞：2000万元。

珠海：500万元。

佛山：1000万元。

（3）按照部门对细分后的每个区域的目标营业额进行细分。

广州区域2000万元目标营业额细分如下。

销售一部：700万元。

销售二部：700万元。

销售三部：600万元。

（4）按照业务员对每个部门的目标营业额进行细分。

销售一部700万元目标营业额细分如下。

张三：300万元。

李四：200万元。

王二：200万元。

（5）将每个业务员的目标营业额细分到12个月，以张三的目标营业额300万元为例。

1月：30万元。

2月：10万元。

3月：20万元。

4月：30万元。

5月：30万元。

6月：30万元。

7月：30万元。

8月：30万元。

9月：30万元。

10月：20万元。

11月：20万元。

12月：20万元。

（6）老板每月开会，复盘总结目标营业额每月完成情况，寻找问题产生的原因，并制订改进方案。同时，对执行结果进行考评，这样才能保证年度目标和战略目标的实现。

2.8 成本领先思维

先投资，后收益。成本是利润的减项，也是获取利润的资源。也就是说，成本是用来换取收入和利润的投入。成本领先不代表企业可以基业长青，也不代表企业可能成为百年老字号。但是，成本领先至少可以让企业比同行"活"得更长久一些。留得青山在，不怕没柴烧。企业只有先"活"下来，才有未来。

成本领先思维就是应用"本量利分析"为经营决策提供数据支撑和决策依据。本量利分析是"成本—业务量—利润分析"的简称，它被用来研究产品价格、业务量（销售量、服务量或产量）、单位变动成本、固定成本总额、销售产品的品种结构等因素的依存关系，据以做出产品结构、产品定价、促销策略及生产设备利用等相关决策。

本量利分析中最为人们熟知的形式是盈亏临界分析或保本分析。许多人认为两者等同，确切地说，盈亏临界分析只是本量利分析的一部分。

显然，盈亏临界分析并非只着眼于找出一个不盈不亏的临界点或保本点，它的最终目标是获得尽可能好的经营成果。这种分析方法可以用来预测企业的获利能力，要达到利润目标应当销售多少产品（或获得多少销售额），变动成本、销售价格等因素的变动对利润的影响等。

案例一：什么是盈亏临界点

2021年12月，为了满足客户需求，我定制了一批《企业如何做好财税规划》的高端礼盒和思维导图。这个高端礼盒的名字是吴帝聪帮忙取的，也是中商教育的线上视频课程。当时投入研发费用18万元。礼盒的起订量是1000个，思维导图的起订量是1000张。我到底需要卖出多少礼盒和思维导图才能把投资本钱收回来呢？这就是我们常说的"保本点"或"盈亏临界点"。图2-2所示为本量利关系图。

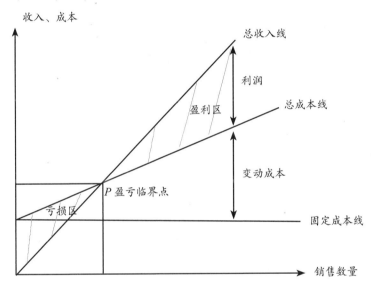

图2-2 本量利关系图

本量利关系图表达了以下基本含义。

（1）固定成本线与横轴之间的距离为固定成本，它不因产量增减而变动。

（2）总成本线与固定成本线之间的距离为变动成本，它与产量变化成正比。

（3）总成本线与横轴之间的距离为总成本，它是固定成本与变动成本之和。

（4）总收入线与总成本线的交点 P 是盈亏临界点。在盈亏临界点，销售额等于盈亏临界点销售额。

本量利分析是在成本性态分析的基础上，进一步展开的一种分析方法。成本性态是指成本总额与业务量（如产品产量、销量等）之间的依存关系。

成本按其性态，可分为固定成本、变动成本与混合成本三大类。

固定成本是指成本总额在特定的业务量范围内，不受业务量变动影响而能保持相对稳定的成本，包括工人的固定工资、房租、固定资产折旧、管理人员工资、公司管理费、办公费、修理费等固定费用。

变动成本是指成本总额随业务量的变动而正比例变动的成本，包括工人计件工资、水电费、制造费等。

案例二：想做财务顾问业务，需要投资多少钱？

我是2015年开始研究财务顾问、财务教育培训机构课程体系、财务顾问项目落地实施方案的。基于自己长期在实战中积累的经验，现在从事财务服务机构升级转型方面的顾问，（我辅导的财务机构的客户数量都是1万家以上），我辅导他们以后，他们再去辅导别的客户，目前累计有5万多家客户。以下是我给一个老板测算的开展财务顾问业务需要投入的费用。

（1）系统课程：20万元。

（2）团队打造：10万元。

（3）财务项目落地的师资薪酬（待定）。

（4）假设5万家客户当中有5%的客户需要请财务顾问，则有 50000×5%=2500 家客户。

按照客单价5万元（小微企业）计算，则有 2500×5=1.25亿元营业收入。

如果投资30万元（不含师资薪酬），能够创造营收1.25亿元，那么还是有不错回报的。

只有先提升自己搭建财务系统的专业水平，才能帮助客户做好财务顾问项目。

另外，我还给客户准备了"财税销讲心法""财务顾问现场成交七步法"等内训资料，以提高客户成交财务顾问项目的概率。

2.9 纳税策划思维

很多老板认为，税是由财务记账产生的，多算少算和财务部有着密切关系。

其实不然，税是由业务产生的。不同的业务交易会产生不同的税，即交易方式不同税不同，交易地点不同税不同，交易对象不同税不同。

所以，在交易进行前，必须将交易的合同提交到财务部进行审核，财务部也要留存合同原件。

在业财融合一体化的今天，财务负责人需要介入公司商业模式的设计、招商方案的测算，最后确定财务核算的模型。图2-3所示为业财融合"铁三角"体系。

图2-3 业财融合"铁三角"体系

案例一：没做税务策划的结果

广州××皮具公司是一家小规模纳税人企业，以生产女士包为主。按照2022年国家的优惠政策，自2022年4月1日至2022年12月31日对小规模纳税人适用3%征收率的应税销售收入，免征增值税（代开专票除外）。

由于这家公司请了几个优秀的主播，线上的货卖得特别好，每个月营业额接近80万元。截至2022年12月31日，该公司营业额达到800万元，请问该公司应该如何纳税？

如果老板不提前规划的话，当营业额超过500万元时，就要转为一般纳税人，按照13%的税率交纳增值税。

案例二：做了税务策划的结果

还是以案例一中的公司为例，如果老板提前规划，将公司拆分成两家小规模纳税人的小微企业，即使营业额超过800万元，由于营业额不足1000万元，也能享受国家的税收优惠政策——免征增值税（代开专票除外）。

政策依据《财政部税务总局关于对增值税小规模纳税人免征增值税的公告》：自2022年4月1日至2022年12月31日，增值税小规模纳税人适用3%征收率的应税销售收入，免征增值税。

至于成立几家公司，什么时候签合同，哪些业务应打款到哪个公司，这是财务人员能决定的吗？显然不是。

2.10 商学院系统思维

金税四期下,"教育产业化,产业教育化,行业细分化,公司平台化,员工创客化"离不开企业的商学院系统思维。企业看不见的三大成本是试错成本、沟通成本、决策成本,这三大成本都没有统计在企业的财务报表内。这些隐性成本影响着有形成本和财务报表,决定了企业的生死存亡。

商学院系统思维从整体上解决了以上三大成本问题。企业可以根据自己的需求,开设多门课程,如财税常识、预算管理、股权、招商、销讲、法务常识、商务礼仪、团队打造、服务营销、沟通技巧等课程。

案例一:如何用企业商学院降低成本

湖北李二鲜鱼村餐饮连锁管理有限公司的商学院系统,是中商教育创始人吴帝聪设计的。在吴帝聪的"招商销讲班"大课堂现场,经常会讲到这个案例。湖北李二鲜鱼村餐饮连锁管理有限公司的李总通过学习招商,开加盟店,做行业细分,给所有的合作伙伴提供培训。内训可以解决思想同频的问题,同频才能同流,同流才能同心。心在一起,打开心扉,沟通就顺畅了。沟通顺畅后可减少企业的内耗,降低很多看不见的成本。

案例二:如何用企业商学院扩大营收

2019年,北京××教育有限公司的老板参加了吴帝聪"招商销讲班"的学习。回去后,老板成立商学院,培训公司的管理层和基层人员,使团队由原来的1000多人发展到3000多人,营业额由原来的2亿元提升到 2021 年年底的 7 亿元。

由此可见,商学院系统思维在很大程度上解决了公司的沟通管理等方面的问题,激发了员工的内驱力,让大家齐心协力,超额完成目标,为公司赚取了更多的利润。

第 3 章　老板要掌握的 17 个业财指标

很多企业的老板忙碌了一年，却不知道自己赚了多少钱，只有一堆糊涂账。老板认为钱到账了就行了，从来不分析这些资金的使用效益，这就导致了业务和财务相脱离。既然有投入，就要计算产出，每一分钱都要花在刀刃上，发挥出资金的最大价值。企业要将财务核算贯穿到业务链的每一个环节，从而达到钱流到哪里，财务就管到哪里的目的，实现业务与财务完美融合，简称"业财融合"。

根据客户咨询得最多的问题，我总结出 17 个常用的业财指标供大家参考。实际工作中，企业可以根据自己经营管理的需要，增加其他的业财指标。

3.1 周转率

案例解析

假设一家水果店每次购进5000元的水果,每天都能卖完,毛利为2500元,30天的毛利是多少?

30天的毛利= 30 × 2500 = 75000 元

假设这家水果店每次购进5000元的水果,两天能卖完,毛利为3500元,30天的毛利是多少?

30天的毛利= 15 × 3500 = 52500 元

每天卖完和两天卖完的30天毛利差额是 75000 - 52500 = 22500 元。

假设一个月为30天,一天卖完,可以卖30次;两天卖完,可以卖15次。不难看出,周转得越快,赚得就越多。所以,周转率就是企业赚钱的速度。

当前,商业大环境瞬息万变,市场情况很难把控。只有做到快速周转,才能更好地把控好现金流。

3.2 投资回报率

投资回报率(ROI)是指通过投资而返回的价值,即企业从一项投资活动中获得的经济回报。它涵盖了企业的获利目标。利润与投入经营所必备的财产相关,因为管理人员必须通过投资和现有财产获得利润。

投资可分为实业投资和金融投资两大类。

投资回报率的计算公式如下:

投资回报率=年利润÷投资总额× 100%

案例解析

广州××有限公司，因数据混乱，无法进行数据分析，于是请我做财务顾问，每年费用为30万元，目的是搭建财务系统，推行数字化运营管理，开展预算管理工作。在其他条件不变的前提下，如果该公司年利润增加了210万元，投资回报率是多少？

投资回报率=210÷30×100%=700%

投资回报率是这几年我接触的"90后"创业者咨询得最多的问题。它经常被用于新项目的投入产出分析，提前测算需要投入多少钱、多长时间可以回本、利润空间有多大。

3.3 增值税税负率

增值税税负率是指增值税纳税义务人当期应纳增值税占当期应税销售收入的比例。每个行业的增值税税负率不同，大家可以去附近的税务局咨询，也可以在相关网站上查询。

增值税税负率的计算公式如下：

增值税税负率=实际交纳增值税税额÷不含税销售收入×100%

当月购进货物越多，进项税就越多，库存商品也会比较多，因此也就形成了留抵税额。

留抵税额是纳税人在计算应纳税额时，如果出现当期销项税额小于当期进项税额，不足抵扣的部分，可以结转下期继续抵扣。

假设本月没有上期留抵税额：

增值税税负率=（销项-进项）÷不含税销售收入×100%

假设商业零售的增值税税负率为2.5%，有的老板将每个月的增值税税负率都控制在2.5%，这样合适吗？所有的业务都要符合商业逻辑和真实发生的业务，增值税税负率就像人的心电图一样，是会波动的。图3-1所示为容易被税务局稽查的增值税税负率。

一般而言，企业按照真实的业务纳税的增值税税负率，是一条波动起伏的折线，不是一条一成不变的直线。图3-2所示为企业正常纳税的增值税税负率。

图 3-1 容易被税务局稽查的增值税税负率

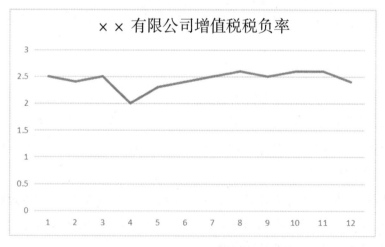

图 3-2 企业正常纳税的增值税税负率

在实际操作中，大家要按照实际的业务交纳税款，所有的业务都要符合商业逻辑。如果老板自己不清楚企业的增值税税负率是多少，可以去咨询附近的税务局。

3.4 营业毛利率

案例解析

广州××服饰有限公司采购了一批职业装，进价为350元一套，售价为1000元一套，营业毛利率是多少（假设此处暂不考虑税的问题）？

营业毛利率=（营业收入-营业成本）÷营业收入×100%

=（1000－350）÷1000×100%

=65%

毛利率的高低，体现了一个企业的盈利能力。一般情况下，企业的毛利率低于20%，说明产品的销售毛利不是很乐观。

毛利率是考核运营总监、营销总监及职业经理人的业绩考核指标，毛利率的变化反映了经营业绩的好坏，有助于高层管理者及时找出企业存在的问题，提升经营管理水平，加强企业内部经营管理，从而提升产品的毛利率。

3.5 总资产周转率

总资产周转率是企业一定时期的销售收入净额与平均资产总额之比，是衡量资产投资规模与销售水平之间配比情况的指标。

总资产周转率的计算公式如下：

总资产周转率=销售收入净额÷平均资产总额×100%

或：

总资产周转率=营业收入÷总资产×100%

总资产周转率是考察企业资产运营效率的一项重要指标，体现了企业经营期间全部资产从投入到产出的流转速度，反映了企业全部资产的管理质量和利用效率。通过对该指标对比分析，可以获得企业本年度及以前年度总资产的运营效率和变化，发现企业与同类企业在资产利用上的差距，促进企业挖掘潜力，积极创收，提高产品市场占有率，提高资产利用效率。一般情况下，总资产周转率越高，表明企业总资产周转速度越快，销售能力越强，资产利用效率越高。

案例解析

广州××服饰有限公司，总资产3000万元，营业收入8100万元。该公司总资产周转率是多少？

总资产周转率=营业收入÷总资产×100%

=8100÷3000×100%

=270%

在实操中，运用总资产周转率分析评价资产利用效率时，要结合销售利润一起分析。总资产周转率越高，说明企业的销售能力越强，资产投资的效益越好。在投资或并购业务中，总资产周转率是一个很好的参考指标。

3.6 净利润率

净利润率是公司的盈亏底线，净利润是收入减去成本和所有支出费用（租金、水电费、办公费、工资等）后所剩余的资金。

净利润率的计算公式如下：

净利润率=净利润÷净销售额或收入×100%

案例解析

广州××传媒有限公司2022年5月营业收入2000万元，净利润为500万元，净利润率是多少？

净利润率=净利润÷收入×100%

= 500 ÷ 2000 × 100%

= 25%

净利润率经常被企业投资者用于决定是否更换赛道或追加投资。例如，如果公司测算出来的净利润率低于5%，老板就要考虑是否应该继续经营下去。老板可以看看什么行业的净利润率更高，更换赛道。如果公司的净利润率有20%，说明这个项目还不错，可以加大投资，甚至多开几家分公司。

3.7 一元工资利润率

很多企业老板都不知道如何测算一个员工能为公司创造多少利润。在实际工作中，很多财务咨询师为了更精确地帮助企业核算，设计了一个叫作一元工资利润率的指标。一元工资利润率是指企业在一定时期内实现的利润总额与工资总额之比。

一元工资利润率的计算公式如下：

一元工资利润率=利润总额÷工资总额×100%

案例解析

广州××皮具公司的业务精英王二，2021年公司为其发放工资总额（含社保、个税、福利等）为500万元，王二为公司创造的利润总额为1500万元，那么王二的一元工资利润率是多少？

一元工资利润率=利润总额÷工资总额×100%

=1500÷500×100%

=300%

公司为王二发放一元工资，王二为公司创造3元的利润。

一元工资利润率主要是用来做人力资源调整的。例如，老板给张三发放5000元工资（含社保、个税、福利等），同时张三给公司创造了5000元的利润，那么一元工资利润率就是100%。这时老板要思考是否换人的问题，如果不换人，则需要考虑培养张三的职业技能。怎样才能提高人效，是值得每一位老板深思的问题。

3.8 毛利润增长率

毛利润增长率是企业本年毛利润增长额与上年毛利润总额之比，它反映企业毛利润的增减变动情况。

毛利润增长率的计算公式如下：

毛利润增长率=本年毛利润增长额÷上年毛利润总额×100%

本年毛利润增长额=本年毛利润总额-上年毛利润总额

案例解析

广州××生产制造有限公司，2020年毛利润为8000万元，2021年毛利润为8400万元，毛利润增长率是多少？

毛利润增长率=本年毛利润增长额÷上年毛利润总额×100%

=（本年毛利润总额-上年毛利润总额）÷上年毛利润总额×100%

=（8400－8000）÷8000×100%

= 5%

在实操中，毛利润增长率反映了一个公司的运营管理能力，也是考核运营总监、营销总监、销售经理的主要指标。在制定年度目标时，企业负责人、运营总监、营销总监都会提前确定毛利润增长率。

3.9 净现金流

净现金流是指正现金流和负现金流的差，它可以回答最基本的商业问题——资金库中还剩余多少资金。

正现金流是指收入的现金量（销售、已获利息、发行股票等），负现金流则是指支出的现金量（采购、工资、税费等）。

净现金流的计算公式如下：

$$净现金流=现金流入-现金流出$$

如果净现金流 >0，表明企业正常运营。

如果净现金流 <0，入不敷出，表明企业有可能亏损了。

案例解析

广州××教育公司，2022 年 5 月现金流入 200 万元，现金流出 250 万元，净现金流是多少？

净现金流=现金流入-现金流出

= 200－250

=－50 万元

净现金流主要反映一个企业的"造血功能"，是收支平衡还是入不敷出。如果该指标大于 0 且金额很大，说明这家企业是靠主营业务生存下来的,"造血功能"很好。如果该指标小于0,说明这家企业目前的情况不太乐观,该考虑如何求发展。

3.10 资产负债率

资产负债率反映总资产有多大比例是通过负债获得的,它可以衡量企业清算时资产对债权人权益的保障程度。资产负债率是期末负债总额除以资产总额的百分比,也就是负债总额与资产总额之比。资产负债率反映了债权人所提供的资本占全部资本的比例,以及企业资产对债权人权益的保障程度。

资产负债率是评价公司负债水平及风险程度的综合指标。同时,也是一项衡量公司利用债权人资金进行经营活动能力的指标,反映了债权人发放贷款的安全程度。如果资产负债率达到100%或超过100%,说明公司已经没有净资产或资不抵债。

资产负债率的计算公式如下:

$$资产负债率 = 负债总额 \div 资产总额 \times 100\%$$

(1)负债总额:指公司承担的各项负债的总和,包括流动负债和非流动负债。

(2)资产总额:指公司拥有的各项资产的总和,包括流动资产和非流动资产。

案例解析

深圳××电子有限公司2021年12月31日资产负债表如下。

流动资产:500万元。

非流动资产:500万元。

流动负债：600万元。

非流动负债：400万元。

求资产负债率是多少？

资产负债率=负债总额÷资产总额×100%

=（600＋400）÷（500＋500）×100%

=100%

企业的资产负债率适宜水平一般是40%～60%。当资产负债率大于100%时，表明公司已经资不抵债，对于债权人来说风险非常大。资产负债率越低（50%以下），表明企业的偿债能力越强。

通常，资产在破产拍卖时的售价不到账面价值的50%，因此如果资产负债率高于50%，则债权人的利益缺乏保障。

3.10.1 债权人的立场

债权人最关心的是贷给企业的款项的安全程度，也就是能否按期收回本金和利息。如果股东提供的资本在企业资本总额中只占较小的比例，则企业的风险将主要由债权人承担，这对债权人来说是不利的。因此，债权人希望债务比例越低越好，企业偿债有保障，贷款给企业不会有太大的风险。

3.10.2 股东的立场

企业通过举债筹措的资金与股东提供的资金在经营中发挥同样的作用，因此股东所关心的是全部资本利润率是否超过借入款项的利润率，即借入资本的代价。在企业所得的全部资本利润率超过因借款而支付的利息率时，股东所得到的利润就会增多。反之，全部资本利润率低于借款利息率，则对股东不利，因为借入资本的多余的利息要用股东所得的利润份额来弥补。因此，从股东的立场看，在全部资本利润率高于借款利息率时，负债比例越大越好，反之亦然。

企业股东常常采用举债经营的方式，以有限的资本、有限的代价而取得对企业的控制权，并且可以得到举债经营的杠杆利益。在财务分析中，这种举债经营方式通常被称为财务杠杆。

3.10.3 经营者的立场

如果举债很多，超出债权人的心理承受范围，企业就借不到钱。如果企业不举债，或负债比例很小，说明企业畏缩不前，对前途信心不足，利用债权人资本进行经营活动的能力很差。从财务管理的角度来看，企业应当审时度势，全面考虑，在利用资产负债率制定借入资本决策时，必须充分估计预期的利润和增加的风险，在二者之间权衡利害得失，做出正确决策。

3.11 每一元收入费用负担率

每一元收入费用负担率表示企业每一元销售收入中，有多少钱是用来承担费用的。

每一元收入费用负担率的计算公式如下：

每一元收入费用负担率＝费用总额÷收入总额×100%

案例解析

广州××生物科技公司，2021年总收入为2000万元，总费用为1600万元，每一元收入费用负担率是多少？

每一元收入费用负担率＝费用总额÷收入总额×100%

＝1600÷2000×100%

＝80%

在实际工作中，公司都会核算一年做了多少业绩，花了多少费用，看看这些费用花得值不值，是否能够把费用再降低一些，计算一下费用总额与收入总额之比是多少，应该再降低多少个百分点，以提升企业的利润。

3.12 存货周转率

存货周转率有两种不同计价基础的计算方式。

（1）以成本为基础的存货周转率，即一定时期内企业营业成本与存货平均余额之比，反映企业流动资产的流动性，主要用于流动性分析。

（2）以收入为基础的存货周转率，即一定时期内企业营业收入与存货平均余额之比，主要用于获利能力分析。

存货周转率的计算公式如下：

以成本为基础的存货周转率=营业成本÷存货平均余额×100%

以收入为基础的存货周转率=营业收入÷存货平均余额×100%

其中：

存货平均余额=（期初存货+期末存货）÷2

存货周转天数=365÷存货周转率

存货周转率是分析企业运营能力的重要指标之一。存货周转率不仅可以用来衡量企业生产经营各环节中存货运营效率，还可以用来评价企业的经营业绩，反映企业的绩效。

通过存货周转率的计算与分析，可以测定企业一定时期内存货资产的周转速度，是反映企业购、产、销平衡效率的一种尺度。存货周转率越高，表明企业存货资产变现能力越强，存货及占用在存货上的资金周转速度越快。

案例解析

东莞××服装有限公司，2021年期初存货为800万元，期末存货为1200万元，营业收入为4000万元，求存货周转率是多少，存货周转天数是多少（此处的营业收入为不含税收入）？

存货平均余额=（期初存货+期末存货）÷2=（800+1200）÷2=1000万元。

存货周转率=营业收入÷存货平均余额×100%=4000÷1000×100%=400%

存货周转天数=365÷存货周转率=365÷400%=91.25天

存货周转率指标的高低反映企业存货管理水平的高低，它影响企业的短期偿债能力，是企业管理的一项重要内容。

一般而言，存货周转速度越快，存货的占用水平越低，流动性越强，存货转换为现金或应收账款的速度越快。

因此，提高存货周转率可以提高企业的变现能力。这和企业的运营管理有关，存货周转速度越快，说明企业的运营管理水平越高。

3.13 利润含金量

利润含金量是指企业的净现金流与净利润之比，表示企业每一元钱的净利润收到了多少现金。

利润含金量的计算公式如下：

利润含金量=净现金流÷净利润×100%

本项指标主要分析企业的净利润与净现金流的匹配程度。利润含金量越高，表明净现金流与净利润的匹配度越高，反之表示匹配度越低。

案例解析

佛山××陶瓷有限公司采用代理商渠道销售，需要提前铺货。2021年，该公司净现金流为8000万元，净利润为2000万元，利润含金量是多少？

利润含金量=净现金流÷净利润×100%

=8000÷2000×100%

=400%

利润含金量主要指企业的利润中有多少是现金到账，如果企业采用赊销的商业模式，大量的应收账款收不回来，就会有一定的麻烦，大笔现金到不了账，说明利润含金量比较低。如果每一笔业务的款项都收回来了，进入了公司的对公账户，说明该公司的利润含金量很高。企业的商业模式和应收账款的管理之间有着必然的联系。

3.14 人均销售收入

人均销售收入就是根据报告期内的销售收入计算的平均每个员工的销售收入。

人均销售收入的计算公式如下：

人均销售收入=销售收入÷员工总数

案例解析

中山××服饰有限公司2021年员工总数为50人，销售收入为1000万元，人均销售收入是多少？

人均销售收入=销售收入÷员工总数

= 1000 ÷ 50

= 20 万元

人均销售收入主要用于分析公司投入的人才和营收产出比。如果人均销售收入低于行业平均值,老板就要思考是否人尽其才、组织架构是否匹配得当、是否要更换人员和改变人才策略。

3.15 人才培养完成率

企业与企业之间的竞争归根结底是人才的竞争。有研发人才就能研发出新的产品,实现产品的迭代更新。营销人才可以开疆拓土,占领市场。好的财务人员可以帮助企业降低成本,增加现金流,提升利润。您的公司是否做好了人才储备呢?如何计算人才培养完成率呢?

人才培养完成率的计算公式如下:

人才培养完成率=实际完成培养人数÷计划完成培养人数×100%

人才培养完成率是考核中高层人才梯队建设的重要指标。

案例解析

广州新思路教育科技有限公司是阿里巴巴的华南人才服务商,为阿里巴巴的客户提供外贸人才。由于业务发展需求,公司需要培养讲师。假设2021年计划完成培养讲师20人,实际完成培养16人,人才培养完成率是多少?

人才培养完成率=实际完成培养人数÷计划完成培养人数×100%

= 16 ÷ 20 × 100%

= 80%

人才培养完成率主要用于总经理、人力部门和各部门负责人的考核。如果一个营销总监可以培养出3个销售部经理、5个销售主管，等到公司要开疆拓土时就有了营销人才。

3.16 招商完成率

招商是快速增加企业的现金流的有效方式。那么如何计算招商完成率呢？

招商完成率的计算公式如下：

招商完成率=实际完成招商金额÷计划完成招商金额×100%。

该指标考核的是企业招商部，属于业绩考核指标。

案例解析

假设某公司招商部2022年5月的计划完成招商金额为500万元，实际完成招商金额为600万元，招商完成率是多少？

招商完成率=实际完成招商金额÷计划完成招商金额×100%

＝600÷500×100%

＝120%

公司在制定年度目标时，要先预算好投入多少招商费用，召开多少场招商会，预计收回多少货款，如果招商团队没有完成招商目标怎么办。

3.17 客户满意度

客户满意度也叫客户满意指数,是一个相对的概念,是客户期望值与客户体验的匹配程度。换言之,就是客户通过对一种产品可感知的效果与其期望相比较后得出的指数。

作为企业,在为客户提供服务的时候,要不断地了解客户对于服务的期望是什么,而后根据自己对于客户期望的理解为客户提供服务。然而,现实中企业对于客户期望的理解和所提供的服务与客户自己对于服务的期望通常存在差距,可能存在以下五种情况。

(1)客户对于服务的期望与企业对于客户期望的认知之间存在差距。

(2)企业对于客户所做出的服务承诺与企业实际为客户所提供的服务质量之间存在差距。

(3)企业对于客户服务质量标准的要求和企业实际为客户所提供的服务质量之间存在差距。

(4)企业管理层对于客户期望的认知与企业的客户服务质量标准之间存在差距。

(5)客户对于企业所提供的服务感受与客户自己对于服务的期望之间存在差距。这种差距的大小是可以衡量的,衡量标准就是客户满意度。

3.17.1 影响客户满意度的五个因素

影响客户满意度的五个因素如下。

(1)信赖度:一个企业能够始终如一地履行自己对客户所做出的承诺。当企业真正做到这一点的时候,就会拥有良好的口碑,赢得客户的信赖。

(2)专业度:企业的服务人员所具备的专业知识、技能和职业素质，包括提供优质服务的能力、对客户的尊敬、良好的沟通技巧。

（3）有形度：有形的服务设施、服务人员的仪表，以及对客户的帮助和关怀的有形表现。

（4）同理度：服务人员能够随时设身处地地为客户着想，真正理解客户的处境，了解客户的需求。

（5）反应度：服务人员对于客户的需求给予及时回应并能迅速提供服务。当服务出现问题时，马上回应、迅速解决。客户需要的是积极主动的服务态度。

只有企业所提供的服务超出客户的期望，企业才能拥有持久的竞争优势。

3.17.2 客户自循环系统的四个环节

图 3-3 所示为客户自循环系统。其中，引流就是让人来；截流就是让人留下来；回流就是让人回来二次消费；转流就是让人带更多人来一起消费。

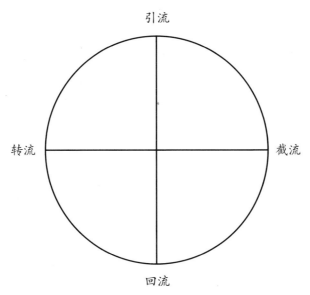

图 3-3 客户自循环系统

案例解析

随着金税四期的到来,很多中小企业老板开始注重财务板块建设,珠三角地区财务顾问需求加速上升。于是很多代理记账公司和事务所开始转型,但苦于缺乏专业深度、成交方法和成交信念。于是他们通过抖音号、视频号找到了我,让我教他们怎么做财务顾问。当他们自己受益后,再给我介绍同行,形成客户转流。

第 4 章 十大节税方案

如今很多老板开始想办法做税务策划,在合规、合理、合法的前提下节税。但是具体到如何设计节税方案,很多老板就不明白了。

基于这种现象,我总结出十个常用的方法供大家参考。在实际操作中,大家要反复斟酌这些方法是否和自己公司的业务相吻合,切勿照搬照抄。

4.1 公司的法律形态与选择

很多创业老板在注册公司的时候,不知道注册有限公司好还是个体户好。有一次我去税务局自助办税区办事,看到有人问税务局工作人员如何报税。税务局工作人员说:"你们有没有请财务?如果你们没有请财务的话,为什么要申请有限公司呢?申请个体户更好。"那个人回答:"我们也不懂。"

注册公司前,要先了解公司的法律形态,再根据自己的需求做出合适的选择。

新修订的《中华人民共和国公司法》于2024年7月1日起正式实施,其中明确规定,全体股东认缴的出资额由股东按照公司章程的规定,自公司成立之日起五年内缴足。

4.1.1 公司的法律形态

公司的法律形态分为两大类。

(1)有限责任:一人有限责任公司、多人有限责任公司、股份有限责任公司、国有独资公司。

一人有限责任公司是只有一个自然人股东或一个法人股东的有限责任公司。根据《中华人民共和国公司法》一人有限责任公司特别规定:一个自然人只能投资设立一个一人有限责任公司,该一人有限责任公司不能投资设立新的一人有限责任公司;一人有限责任公司应当在公司登记中注明自然人独资或者法人独资,并在公司营业执照中载明;一人有限责任公司不设股东会,法律规定的股东会职权由股东行使,当股东行使相应职权作出决定时,应当采用书面形式,并由股东签字后置备于公司;一人有限责任公司应当在每一会计年度终了时编制财务会计报告,并经会计师事务所审计;一人有限责任公司的股东不能证明公司财产独立于股东自己财产的,应当对公司债务承担连带责任。

多人有限责任公司由二人以上、五十人以下的股东出资设立，每个股东以其认缴的出资额为限对公司承担有限责任。公司以其全部资产对其债务承担责任。其缺点包括不能公开发行股票，筹集资金的范围和规模一般都比较小，难以适应大规模生产经营活动的需要。因此，多人有限责任公司这种形式一般适合中小企业。

股份有限公司是公司资本为股份所组成的公司，股东以其认购的股份为限对公司承担责任。只有股份有限公司才具备上市的资格。

《中华人民共和国公司法》规定，设立股份有限公司，应当有二人以上二百人以下为发起人，其中须有半数以上的发起人在中国境内有住所。

国有独资公司是由国家单独出资、国务院或地方人民政府授权本级人民政府国有资产监督管理机构履行出资人职责的有限责任公司。

（2）无限责任：个人独资企业、普通合伙企业、有限合伙企业、个体工商户。

个人独资企业是按照《中华人民共和国个人独资企业法》在中国境内设立，由一个自然人投资，财产为投资人个人所有，投资人以其个人财产对企业债务承担无限责任的经营实体。

合伙企业是自然人、法人和其他组织依照《中华人民共和国合伙企业法》在中国境内设立的普通合伙企业或有限合伙企业。

普通合伙企业由普通合伙人组成，合伙人对合伙企业债务承担无限连带责任。普通合伙企业的投资人数为二人以上，即对投资人数没有上限规定。《中华人民共和国合伙企业法》对普通合伙人承担责任的形式有特别规定的，从其规定。国有独资公司、国有企业、上市公司，以及公益性的事业单位、社会团体不得成为普通合伙人。

有限合伙企业由普通合伙人和有限合伙人组成，普通合伙人对合伙企业债务承担无限连带责任，有限合伙人以其认缴的出资额为限对合伙企业债务承担责任。有限合伙企业由两个以上五十个以下合伙人设立，法律另有规定的除外，且至少应当有一个普通合伙人。在经营管理上，有限合伙企业中，有限合伙人一般不参与合伙的具体经营管理，而是由普通合伙人从事具体的经营管理。在风险承担上，有限合伙企业中不同类型的合伙人所承担的责任存在差异，其中有限合伙人以其认缴的出资额为限承担有限责任，普通合伙人则承担无限连带责任。

个体工商户是公民在法律允许的范围内，依法经核准登记，从事工商业经营活动的自然人或家庭。

根据《中华人民共和国民法典》第五十六条，个体工商户的债务，个人经营的，以个人财产承担；家庭经营的，以家庭财产承担；无法区分的，以家庭财产承担。

创业者在注册公司前，要先了解有限责任和无限责任的特点，再结合业务的需求，注册与之相对应的公司。

案例解析

王某要开一个小餐馆，是选择有限责任公司好，还是个体户好？

如果是想做连锁式的餐饮管理公司，就注册有限责任公司。如果是夫妻档创业，不想请财务人员，就注册个体户。

从企业经营的风险考虑，最好还是注册有限责任公司。因为个体户承担无限连带责任，万一出事了，车、房子有可能全部都要搭进去，最终导致倾家荡产。如果注册有限责任公司，注册资金为10万元，只需要承担10万元的风险，这样至少有房子可以住，孩子和老人能有一个稳定的居所。

4.1.2 公司法律形态的选择

有限责任公司有以下特点。

（1）承担有限责任。

（2）取名为××有限责任公司。

（3）年终不分红，可以不缴纳个人所得税。

（4）可以上市。

无限责任公司有以下特点。

（1）承担无限责任。

（2）不缴纳企业所得税，缴纳个人所得税。

（3）比较容易申请核定征收。

（4）取名为××所、××院、××工作室。

有的企业规模比较大，在拓展业务的时候，老板要考虑设立分公司还是子公司的问题。分公司和子公司的区别可以分为以下五个方面。

（1）纳税方式。

分公司：在计算税款时，可以和总公司汇总缴纳。

子公司：独立核算，独立申报税费。

（2）法律责任。

分公司：由总公司承担。

子公司：由自己承担。

（3）贷款。

分公司：不可以单独贷款。

子公司：可以单独贷款。

（4）经营范围。

分公司：不可以多于、大于总公司。

子公司：不受限制。

（5）股东。

分公司：没有股东，只有一个负责人。

子公司：有独立股东。

案例解析

广州有一家婚纱摄影公司，2023年准备在其他城市开设30家分店。由于这些分店刚刚成立，初步预算每家分店的年利润不到100万元。

这30家分店是设立为分公司还是子公司更能节税？

（1）若是设立分公司，由于企业所得税需要汇总缴纳，汇总后超过了小型微利企业标准，无法享受小型微利企业增值税和企业所得税的优惠政策。

30家分店合计企业所得税＝30×100×25%＝750万元

（2）若是设立子公司，每家分店的员工人数、资产总额、应纳税所得额都符合小型微利企业标准。因此，可以享受小型微利企业税收优惠政策，只需要按照5%（25%×20%）的税率缴纳企业所得税。

30家分店合计企业所得税＝30×100×5%＝150万元，共节税750－150＝600万元

根据财政部税务总局发布的《关于小微企业和个体工商户所得税优惠政策的公告》，自2023年1月1日至2024年12月31日，对小型微利企业年应纳税所得额不超过100万元的部分，减按25%计入应纳税所得额，按20%的税率缴纳企业所得税。

老板在经营企业的过程中，不仅要低头走路，还要抬头看天，要关注国家出台了什么新的政策，这些政策是否和自己经营的企业相关。如果和自己经营的企业相关，就要好好利用优惠政策。此案例中就是利用了小型微利企业的税收优惠政策。

小型微利企业是指从事国家非限制和禁止行业，且同时符合年度应纳税所得额不超过300万元、从业人数不超过300人、资产总额不超过5000万元三个条件的企业。

根据《关于增值税小规模纳税人减免增值税政策的公告》，增值税小规模纳税人政策如下。

（1）对月销售额10万元以下（含本数）的增值税小规模纳税人，

免征增值税。

（2）增值税小规模纳税人适用3%征收率的应税销售收入，减按1%征收率征收增值税；适用3%预征率的预缴增值税项目，减按1%预征率预缴增值税。

（3）本公告执行至2027年12月31日。

4.2 公司平台化，员工创客化

"公司平台化，员工创客化"是最好的商业模式，同时也是一个很好的节税方案。"公司平台化，员工创客化"就是把公司当作一个平台，大家集体创业，把雇佣制改为合伙人制，按照项目制，进行三七或二八分成，独立核算，自负盈亏，每个部门都独立负责自己的运营，控制自己的成本。每个人对外称是某部门的总监或经理。人都渴望被认同，有归属感，这种模式有利于业务收单和激发人的目标感、主人翁意识，让员工实现名利双收。

"公司平台化，员工创客化"有以下好处。

（1）创客化适合注重自由、开心和幸福的新生代人群。

（2）创客化签订的是合作协议，不是劳动合同。企业无须给员工发工资，也不用缴纳社保。

（3）创客化有利于激发人的斗志，多劳多得。

（4）每个人都是公司的一分子，大家齐心协力把公司运营好，有利于提高主人翁意识。

（5）有利于目标分解，数字化运营，提高人效。

4.3 招商思维

高端人才一定要付高工资吗？不一定。

天下万物不为我所有，但可为我所用。招商可以进行资源整合，实现人尽其才。

企业成立初期，老板找个资深财务总监做股东，是不是节省了请财务顾问的费用？就算有一天企业要进入资本市场，这位财务总监满足不了企业的需求，但他可能有这方面的资源，可以介绍优秀的人才。

案例解析

广州××服饰公司刚成立时，找了一位财务总监做股东。该公司从策划成立之初，就测算了投资回报率。公司的会计核算也一直都很规范，因此公司在推行预算管理或并购时，都做得很顺利。

4.4 商学院思维

为什么我们要有商学院思维，因为人人都需要懂财务，每一个部门都要做报表，要进行数字化管理运营。商学院思维可以很好地帮助大家学习财务基础知识，尤其是在搭建业财融合一体化财务系统的时候，需要各部门的配合。

案例解析

广州××设计公司，属于一般纳税人。该公司设计师小王买了一台高配置的电脑,含税价格为10000元,但没有发票,财务人员是否应该为其报销?

根据相关规定,只有专用发票才可以抵扣增值税。

下面给大家算一笔账。

如果小王没有拿到专用发票,则不能抵扣的进项税额为 $10000 \div (1+13\%) \times 13\% = 1150.44$ 元。

不能抵扣的企业所得税额为 $8849.56 \times 25\% = 2212.39$ 元。

以上两项税额的税费损失为 $1150.44 + 2212.39 = 3362.83$ 元,还未计算因多交增值税导致多交的税金及附加税费。

这种情况在中小微企业中很常见,因为这些企业中很少有人有财务意识。这就需要有一名业务能力强、善于沟通的财务人员,给营销、生产、采购等部门统一做财务培训。

4.5 重塑供应链

对一个业务繁杂的公司,尤其是集研发、销售、采购、生产于一体的公司,建议将各业务环节分开,独立核算,为各个环节单独成立公司,独立运营,自负盈亏。这样能更准确地核算哪个环节是否赚钱。同时,还解决了企业缺少发票的问题。例如,销售部要购买设计部的产品做宣传海报,就要对公打款并开发票。

案例解析

广州××生物科技公司的李总喜欢研发产品,陈总喜欢销售产品。两人配合默契,对市场十分了解,每每设计新款,都能赢得市场的青睐。于是,就有同行找他们做贴牌。那么应该怎样运作呢?

（1）李总成立一家新的公司，做包装设计和贴牌生产。

（2）陈总成立一家销售公司，做产品销售。

（3）如何节税呢？把两家公司都注册在有税收优惠的地方。

4.6 业务分拆

有些企业的商业模式是发展代理商，在销售产品的同时，还要扶持代理商把产品销售出去。除了销售产品，有的企业还会销售售后服务。产品销售和服务所适用的税率是不一样的，因此可将这两项业务进行拆分。

案例解析

广州××电子设备有限公司，属于一般纳税人，2023年全年预计销售收入3000万元（不含税），其中1800万元的材料可以取得专用发票，750万元的材料无法取得进项发票。

解决思路：成立两家公司，一家为一般纳税人，一家为小规模纳税人。

筹划前：按照一般纳税人计算年应纳增值税 $3000×13\%-1800×13\%=156$ 万元。

筹划后，年应纳增值税 $2250×13\%-1800×13\%+750×3\%=81$ 万元。

节税金额 $=156-81=75$ 万元。

4.7 改变交易方式和地点

相同的业务，在不同的地点交易，所产生的税费也不相同。

案例解析

广州某企业的老板，为了让企业存活下去，不惜撤了广州的大办公室，更换了一间小办公室。该老板把销售部设立在海南，因为海南有税收优惠政策。这样，既降低了固定成本，又缩减了纳税成本。等市场行情好转后，再把销售部从海南移到广州，不失为应对市场竞争的良策。

4.8 合并、分立和重组

合并、分立和重组是企业成熟阶段所运用的节税方法。大家是不是经常听说一家大公司收购了另一家公司？行业标杆的动向中潜藏着企业的税务策划。把标杆企业运用过的方法揣摩透彻后，可以参考使用这些方法。当然，对这些方法的细节理解不到位，可能会出现问题。

母公司及子公司在纳税上有什么特点呢？母公司单独计算应纳税额，在注册地缴纳税款，享受小微企业优惠政策。此时，可以在税收优惠地区设立子公司，但前提是要有真实的业务链条，不能用虚假业务去偷税漏税。

4.9 利用税收优惠政策

国家每年都会出台很多新的税收政策，大家可以登录国家税务总局官网进行查询。在开展业务的同时，我们要思考企业的业务是不是在这个范围之内。如果不在，应该如何转换。

在国家税务总局部分省级税务局官网的"政策法规""纳税人学堂""直播"等专栏可以查看相关的内容。如果想了解最新的税收政策，可以查看国家税务总局部分省级税务局的"政策法规"。图4-1所示为国家税务总局广东省税务局的"政策法规"。

图4-1 国家税务总局广东省税务局的"政策法规"

如果想学习相关税收知识，可以打开国家税务总局部分省级税务局的"纳税人学堂"学习相关知识。图4-2所示为国家税务总局广东省税务局的"纳税人学堂"。

图 4-2 国家税务总局广东省税务局的"纳税人学堂"

如果不想看文字,国家税务总局部分省级税务局还通过直播课堂录制了小视频,满足纳税人不同的需求。只要打开国家税务总局部分省级税务局纳税人学堂的"直播",即可观看。图 4-3 所示为国家税务总局广东省税务局纳税人学堂的"直播"。

图 4-3 国家税务总局广东省税务局纳税人学堂的"直播"

4.10 借力思维——请财务咨询师

如果您的企业发展到了一定阶段,想要走资本路线,想做股权激励、绩效考核、阿米巴,却发现企业没有财务数据或财务数据不完整,应该怎么办?很多中小微企业没有做完整的财务数据记录,因为刚开始创业,没钱请财务,于是就自行进行记录。营业额达到几千万元后,再开始请会计。但是会计只能接着记录过往的历史财务数据,不能呈现完整的数据,这种情况下该怎么办?如果企业想规范财务管理、完善财务系统,但现有的财务人员又不精通业务和税法,那么最简单的方法就是请外部的财务咨询师团队。

花费30万元左右,把企业的财务系统搭建起来,帮助企业多赚1000多万元的利润,是不是很划算呢?有了完善的财务系统,后期再做绩效考核、阿米巴或股权激励就有了数据基础。如果没有财务数据支撑,绩效考核、阿米巴、股权激励是无法推动的,因为无法进行量化管理,这也是很多企业做绩效考核、阿米巴、股权激励做了一半就做不下去的主要原因。

财务咨询项目一般包括十大类。

(1)乱账清理(账务体系的梳理与调账)。

(2)账钱税(企业财务管理体系设计与实施)。

(3)股权架构(企业股权架构设计与股权激励)。

(4)成本管控(企业成本管理与控制体系设计与实施)。

(5)全面预算(企业全面预算管理体系设计与实施)。

(6)内部控制(企业内部控制与流程体系设计与实施)。

(7)纳税策划(企业税务风险诊断、纳税策划方案设计)。

(8)投融资管理(融资、并购、重组投资等方案设计)。

(9)IPO整改(上市前的财务管理整改升级实施)。

(10)ERP系统(ERP信息系统的应用设计与实施)。

老板可根据企业的需求自行选择不同的项目。如果企业的营业额在2000万元左右，可以选择乱账清理项目，建立新的规范的财务系统。如果企业的营业额在5000万元以上，财务基本规范，可以选择全面预算和内部控制项目。如果企业的营业额在1亿元以上，准备进入资本市场，在财务规范的基础之上，可以选择IPO整改项目。总之，项目的选择要依据企业发展的阶段，适合企业的才是最好的。

案例解析

（1）企业背景。

广州××驾校，每年培训10000多名学员，每人收费约6000元，年收入约6000万元。

（2）企业面临的问题。

由于经营规模不断扩大，分校的会计核算要变成一般纳税人，且不再核定征收，如何化解税务压力？

能人懈怠，需要做股权激励，给元老及高管分红。如何做到既有股权激励，又不丧失控制权？

老板长期加班，想培养接班人和新校长，但财务不规范，无法授权，怎么解决？

业务流程与财务制度不明确，财务数据不准确，形成了大量的"糊涂账"，拍脑袋做决策，导致决策失误，最终造成钱财的损失。

薪酬与绩效体系不健全，教练工资不高、经常抱怨，如何解决绩效公平的问题？

（3）金财咨询服务内容。

金财咨询师初步调研后，经过综合分析和深入思考，启动了"财务系统+组织系统"双项目咨询，以规范财税、促进业财融合及激活组织。

（4）交付结果。

认知改变，老板及各部门负责人对金财咨询的满意度极高，尤其是高管的认知转变很大。从一开始的普遍抵制和反对，到积极主动配合并催促金财咨询师上门辅导，最后高管对咨询师产生了明显的依赖。在咨询师的辅导下，企业的组织系统也实现了良性运转。

- 设计了全新的股权架构与组织架构，在激活组织的同时强化了控制权。
- 重新梳理及优化业务流程，理顺了很多10多年都没有明确的事项，如规费的保管与存储、学员刷卡与收现金问题、减少学员退费等。
- 解决了税务安全问题。
- 解决了一账统领、数据化决策的问题。
- 解决了独立核算、公平分红的问题。
- 解决了薪酬体系设计不合理的问题。
- 解决了绩效反作用的问题。

经常有老板问我："蔡老师，我们应该去哪里找合适的财务咨询师？"这个问题其实不难，在当地找最好，因为企业文化有地域性的差异。广州、深圳的财务咨询师因为受经济特区的影响，思维比较开阔。很多做法在南方老板看来很正常，但是却不符合北方老板的要求。南方的普遍特点是灵活性比较强，北方则通常比较讲究规矩，条条框框比较多。当地行业前三的财务总监都可以给企业做辅导。他们对当地的政策比较熟悉，有着得天独厚的优势。在广州的客户，也有请上海的咨询师给公司做咨询项目的，结果"水土不服"，地域文化差异太大，最终导致项目落地失败。

也有老板问我："蔡老师，财务咨询师一定要请大机构的吗？"财务规范落地靠咨询师的专业能力，和机构大小没有太大的关系。大机构的咨询师入职后，有的优秀人才和企业的文化理念不同，就选择了自己创业。和企业文化理念相融合的，就留在了大机构。因此，并不是所有的优秀人才都在大机构。企业财务系统要标准化、流程化，咨询机构也一样，咨询项目的落地也要标准化、流程化，这样才能快速地复制人才。因此，不能说大机构里面都是优秀人才，也不能说市场上没有优秀人才。此外，大机构的咨询费用相对高一些，因为他们要打广告"烧钱"。而自己创业的资深财务总监的咨询费用相对没有那么高，因为他们的团队不是很大，也没有投入那么多广告费。总之，请财务咨询师要看自己的选择，如果经济实力强，就选择大机构；如果现金流紧张又想使财务规范，选择资深的财务总监也是可以的。

第5章 如何解读财务报表

中小微企业的老板,很少有人能看懂财务报表。有些老板请了财务人员就认为"反正可以交给财务,我不管了"。有些老板想看报表,但又看不懂。财务人员每次给老板的财务报表都被随手放在抽屉里,没有起到辅助分析、决策的作用。

5.1 如何解读资产负债表

资产负债表是反映企业在某一特定日期的全部资产、需要偿还的债务及投资者（股东）拥有的权益的会计报表，是一个企业的"家底子"。表5-1所示为资产负债表（简版）。

会计恒等式：资产=负债+所有者权益。

表 5-1 资产负债表（简版）

编制单位：　　　　　　　___年__月__日　　　　　　　单位：元

资产	行次	期末余额	年初余额	负债和所有者权益（或股东权益）	行次	期末余额	年初余额
流动资产：				流动负债：			
货币资金				短期借款			
短期投资				应付账款			
应收账款				应付票据			
应收票据				应交税费			
预付账款				其他应付款			
其他应收款				应付利息			
应收股利				应付职工薪酬			
应收利息				应付股利			
存货				预收账款			
其中：原材料				一年内到期的非流动负债			
在产品				其他流动负债			
库存商品				流动负债合计			
周转材料				非流动负债：			
一年内到期的非流动资产				长期借款			
其他流动资产				应付债券			
流动资产合计				长期应付款			
非流动资产：				专项应付款			
可供出售金融资产				预计负债			
持有至到期投资				递延收益			

续表

资产	行次	期末余额	年初余额	负债和所有者权益（或股东权益）	行次	期末余额	年初余额
长期应收款				递延所得税负债			
长期股权投资				其他非流动负债			
投资性房地产				非流动负债合计			
固定资产				负债合计			
在建工程				所有者权益：（或股东权益）			
工程物资				实收资本（或股本）			
生产性生物资产				资本公积			
无形资产				盈余公积			
开发支出				未分配利润			
商誉				所有者权益（或股东权益）合计			
长期待摊费用							
递延所得税资产							
其他非流动资产							
非流动资产合计							
资产总计				负债和所有者权益（或股东权益）总计			

单位负责人： 　　　　财务负责人： 　　　　制表人：

5.1.1 名词解释

资产负债表三要素指的是资产、负债、所有者权益。

资产是指由企业过去的交易或事项形成的，由企业拥有或控制的，预期会给企业带来经济利益的资源。

负债是指由企业过去的交易或事项形成的，预期会导致经济利益流出企业的现时义务。

所有者权益是指企业资产扣除负债后由所有者享有的剩余权益。公司的所有者权益又称为股东权益。

5.1.2 分类

老板在经营企业的过程中，要学会区分什么是资产，什么是负债，什么是所有者权益。

图 5-1 所示为资产的分类。

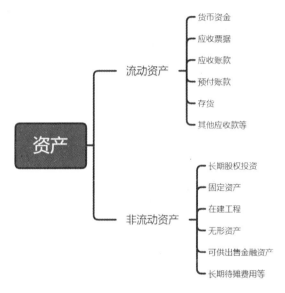

图 5-1 资产的分类

案例解析一

一家新成立的制造公司，购买大型机器花费 800 万元，购买打印机花费 350 元。哪个可以作为固定资产，哪个可以作为费用？

800 万元的大型机器肯定是固定资产，350 元的打印机可以计入当期费用。

下面以家庭为例，解释部分资产相关的名词。

货币资金：银行卡里的钱加上现金的总和。

应收账款：如果你销售了价值 5 万元的货物，但是还没有收到钱，这5万元就是你的应收账款。

存货：如果你种植小麦、玉米，则粮仓里的小麦、玉米就是你的存货。

固定资产：你家的车、房子、笔记本电脑、钻戒等比较贵重的物品就是固定资产。

无形资产：你采用一些有名的物产，如河南洛阳牡丹花、开封艾草等，调配出来一种养生产品，然后去申请了一项专利，那么这项专利就是你的无形资产。

图5-2所示为负债的分类。

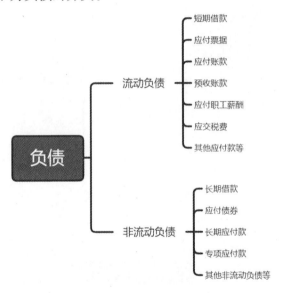

图5-2 负债的分类

下面以公司业务为例，解释部分负债相关的名词。

案例解析二

河南××面粉有限公司，2022年8月向××农村合作社采购一批优质绿色无污染小麦，然后加工成面粉。该笔订单合同金额为10万元，赊账 2 个月，2 个月后公司向农村合作社支付货款。在付款的时候，老板发现公司基本账户上的钱不够，于是问出纳钱的去向。出纳说公司的小李最近买房子，向公司借了 3 万元，下个月还。于是老板就去银行贷款 4 万元，期限为 6 个月，又向股东王总借款 2 万元，凑够 10 万元后付款给农村合作社。付款完成后刚好又赶上公司发工资，共计 8 万元，由于公司缺乏运营资金，老板只好跟员工说晚几天再发。出纳说这个月要交 2 万元的税，先给税务局申请一下，下个月再交纳。

应付账款：公司向农村合作社采购小麦，需要支付的 10 万元货款。

短期借款：公司从银行取得的为期 6 个月的 4 万元贷款。

其他应付款：向股东王总借款 2 万元。

应付职工薪酬：拖欠员工工资 8 万元。

应交税费：延迟交纳的税款 2 万元。

图 5-3 所示为所有者权益的分类。

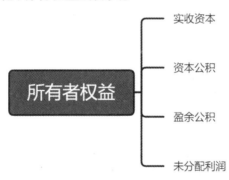

图 5-3 所有者权益的分类

下面以王总和李总创业为例，解释部分所有者权益相关的名词。

案例解析三

王总和李总两人在老家的县城找了一间办公室注册公司，通过直播带货卖老家的农产品，如苹果、桃子、西瓜、樱桃等。王总投资 5 万元,李总投资 5 万元,款项打到公司基本账户,用于购买直播设备。经过 2 个月时间,公司赚了 50 万元,按照 10% 的比例提取 5 万元的盈余公积,还有 45 万元留在账上没有分配。

实收资本:王总和李总打款到公司基本账户的 10 万元。

盈余公积:赚了 50 万元,按照 10% 的比例提取的 5 万元。

未分配利润:留在账上没有分配的 45 万元。

5.1.3 会计恒等式

资产负债表是依据会计恒等式编制的。

资产=负债+所有者权益。

资产总额=负债总额+所有者权益总额。

以我自己为例,资产就是我有多少钱,以及可以变现的物品。例如,我向王总借了 4 万元,我自己有 6 万元,这 10 万元全部存到我的银行卡里。这时银行卡里的 10 万元就是我的资产,借来的 4 万元就是负债,还要返还给王总;我自己的 6 万元属于所有者权益。

资产总额=负债总额+所有者权益总额= 4 + 6 = 10(万元)。

5.1.4 资产负债表的结构

资产负债表是左右结构,左边为资产,右边为负债和所有者权益(或股东权益)。

左边的资产行列:大体按照资产的流动性大小排列资产的分布。

右边的负债和所有者权益(或股东权益)行列:一般按照清偿时间的先后顺序排列资金的来源。

5.1.5 资产负债表的解析

资产负债表是企业的"家底子",通过资产负债表,我们可以迅速了解企业的规模大小、是否欠外债、是否欠内债、是否盈利、是否资不抵债。

资产负债率=负债总额÷资产总额×100%。

资产负债率一般控制在40%左右，资产负债率越低，说明企业以负债取得的资产越少，运用外部资金的能力越差。资产负债率越高，说明企业通过借债后购买的资产越多，风险也就越大，有可能会出现资不抵债的情况，最坏的结果可能是破产，或者被其他公司并购重组。

应收账款过多，表明企业的资金被客户占用得过多，而且还是无息贷款给客户使用。应收账款存在一定无法收回的风险。

存货反映企业库存周转的速度，如果企业库存过多，说明该企业的运营管理能力有问题。

其他应收款过多，多数情况是由于企业负责人公私不分，没钱了就从公司拿钱，只拿不还造成的。还有一部分是公司员工借款、采购商品时的包装物押金等。

未分配利润如果连续多年是负数，说明企业连年亏损。

存货过多、其他应收款过多、其他应付款过多等都是被税务局约谈时经常问到的问题。

5.2 如何解读利润表

利润表是反映企业在一定会计期间经营成果的报表。利润表是一家企业的"面子"，业绩做得好，不代表有钱花，因为还涉及一些应收账款。利润表反映企业在一定会计期间收入、费用、利润的数额和构成，有助于报表使用者全面了解企业的经营成果，分析企业的获利能力及盈利增长趋势，从而为做出决策提供依据。利润表（简版）如表5-2所示。

利润=收入-费用。

表 5-2 利润表（简版）

编制单位：　　　　　　　　___年__月__日　　　　　　　　单位：元

项目	本期金额	上期金额
一、营业收入		
减：营业成本		
营业税金及附加		
销售费用		
管理费用		
财务费用		
资产减值损失		
加：公允价值变动收益（损失以"-"填列）		
投资收益（损失以"-"填列）		
二、营业利润		
加：营业外收入		
减：营业外支出		
三、利润总额		
减：所得税费用		
四、净利润		

单位负责人：　　　　　　财务负责人：　　　　　　制表人：

5.2.1 名词解释

利润表三要素是收入、费用、利润。

收入是指企业在日常活动中形成的、会导致所有者权益增加的、与所有者投入资本无关的经济利益的总流入。

费用是指企业在日常活动中发生的、会导致所有者权益减少的、与向所有者分配利润无关的经济利益的总流出。

利润是指企业在一定会计期间的经营成果，包括收入减去费用后的净额、直接计入当期利润的利得和损失等。

5.2.2 分类

为了方便大家更好地理解收入、费用、利润、营业外收入、营业外支出之间的关系,我们绘制了思维导图。

案例解析一

广州××公司的主营业务是销售空调,其他业务有给代理商培训销售技巧。假设总价1000万元的合同,包含空调货款800万元、培训服务费200万元,如何划分业务收入?图5-4所示为收入的分类。

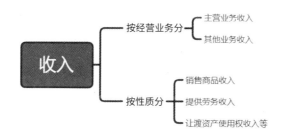

图5-4 收入的分类

(1) 800万元属于主营业务收入。

(2) 200万元属于其他业务收入。

主营业务收入是公司经营的主营产品销售产生的收入。

其他业务收入是除了公司主营业务,其他业务产生的收入。

案例解析二

广州××生产制造有限公司,属于一般纳税人,8月发生的业务如下,各类费用如何区分?图5-5所示为费用的分类。

（1）车间领购原材料10万元。

（2）生产流水线人员工资3万元。

（3）生产产品所耗用的水电费等1万元。

（4）销售人员工资5万元。

（5）财务人员等工资2万元。

（6）归还银行贷款产生的利息0.5万元。

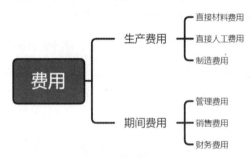

图5-5 费用的分类

在核算费用的时候，要将费用的类别分清楚。

直接材料费用：车间领购原材料10万元。

直接人工费用：生产流水线人员工资3万元。

制造费用：生产产品所耗用的水电费等1万元。

管理费用：财务人员等工资2万元。

销售费用：销售人员工资5万元。

财务费用：归还银行贷款产生的利息0.5万元。

案例解析三

广州××生产制造有限公司，属于一般纳税人，企业所得税适用税率为25%。根据8月发生的下列业务，计算营业利润、利润总额、净利润分别是多少。图5-6所示为利润的分类。

（1）销售收入60万元（不含税）。

（2）车间领购原材料10万元。

（3）生产流水线人员工资3万元。

（4）生产产品所耗用的水电费等1万元。

（5）销售人员工资5万元。

（6）财务人员等工资2万元。

（7）归还银行贷款产生的利息0.5万元。

（8）财务人员忘记申报个税，罚款0.2万元。

（9）变卖车间残余料收入0.2万元。

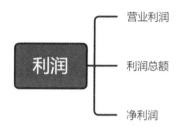

图 5-6 利润的分类

营业利润=营业收入−营业成本−税金及附加−销售费用−管理费用−财务费用= 60 − 10 − 3 − 1 − 5 − 2 − 0.5 = 38.5（万元）。

利润总额=营业利润+营业外收入−营业外支出= 38.5 + 0.2 − 0.2 = 38.5（万元）。

所得税费用=应纳税所得额×所得税税率= 38.5 × 25% = 9.625（万元）。

净利润=利润总额−所得税费用= 38.5 − 9.625 = 28.875（万元）。

案例解析四

某企业在日常经营中，产生了以下营业外收入。图 5-7 所示为营业外收入的分类。

（1）稳岗补贴0.8万元。

（2）一次性就业补助0.5万元。

（3）一次性留工培训补助2万元。

（4）失业保险稳岗返还1万元。

（5）变卖旧设备收入1万元。

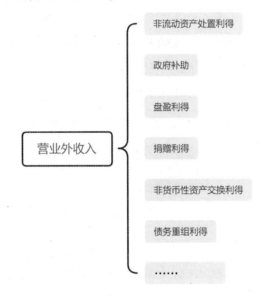

图5-7 营业外收入的分类

案例解析五

某企业在日常经营中，产生了以下营业外支出。图5-8所示为营业外支出的分类。

（1）财务人员忘记申报个税，罚款0.2万元。

（2）企业因偷税漏税，罚款2万元。

（3）企业因违规经营，罚款1万元。

（4）物流司机送货闯红灯，罚款0.05万元。

（5）仓库盘点时，发现少了一件价值0.2万元的产品。

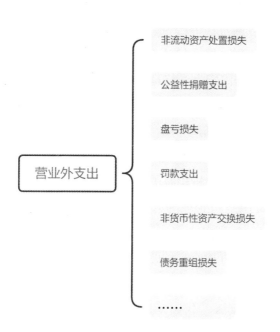

图 5-8 营业外支出的分类

很多初创企业由于前期没有请财务人员，导致数据断层，很难把资产负债表的数据整理出来。不过由于利润表可以按照当月发生的营业额、费用等编制，是可以整理出来的。为了方便大家更好地运用利润表，这里给大家整理了收入、费用具体包含的内容。即使您的企业目前没有请财务人员，也可以自行编制出利润表。

（1）生产费用是指与企业日常生产经营活动有关的费用，按其经济用途可分为直接材料、直接人工和制造费用。

（2）期间费用是指企业本期发生的、不能直接或间接归入产品生产成本，而应直接计入当期损益的各项费用，包括管理费用、销售费用和财务费用。

（3）管理费用是指企业为组织和管理企业生产经营活动所发生的各种费用。管理费用包括企业在筹建期间产生的办公费、董事会和行政管理部门在企业的经营管理中产生的或应由企业统一负担的公司经费、工会经费、董事会费（包括董事会成员的津贴、会议费和差旅费等）、聘请中介机构费、咨询费、诉讼费、业务招待费、房产税、车船税、城镇土地使用税、印花税、技术转让费、矿产资源补偿费、研究费用、排污费及企业行政部门的固定资产修理费等。

（4）销售费用是指企业销售商品和材料、提供劳务的过程中产生的各种费用。销售费用包括广告费、展览费、保险费、包装费、商品的维修费等，为销售本企业的商品而专设销售机构的职工薪酬、业务费等经营费用，以及与专设销售机构有关的固定资产折旧和修理费等。

（5）财务费用是指企业为筹集生产经营所需资金等而产生的筹资费用。财务费用包括利息支出（-利息收入）、汇兑损益及相关的手续费、企业发生的现金折扣或收到的现金折扣。

营业利润指标能够比较恰当地反映企业管理者的经营业绩。

利润表的编制方法，我国采用的是多步式格式。这里把计算方法给大家分解一下，再用案例演示企业到底赚了多少钱，股东能分到多少钱。

营业利润=营业收入-营业成本-税金及附加-销售费用-管理费用-财务费用-资产减值损失+公允价值变动收益（-公允价值变动损失）+投资收益（-投资损失）。

其中，营业收入=主营业务收入+其他业务收入。

营业成本=主营业务成本+其他业务成本。

资产减值损失是指企业计提各项资产减值准备所形成的损失。

公允价值变动收益（-损失）是指企业交易性金融资产等公允价值变动形成的应计入当期损益的利得（-损失）。

投资收益（-损失）是指企业以各种方式对外投资所取得的收益（-发生的损失）。

（6）利润总额又称税前利润，是营业利润加上营业外收入减去营业外支出后的金额。其计算公式为利润总额=营业利润+营业外收入-营业外支出。

（7）净利润又称税后利润，是利润总额扣除所得税费用后的净额。

其计算公式为净利润=利润总额-所得税费用。

（8）利润分配的顺序如下。

弥补以前年度亏损。

计算可供分配的利润。

提取法定盈余公积。

提取任意盈余公积。

向投资者分配利润（或股利）。

案例：如何计算每个股东的分红

广州××服饰公司，属于一般纳税人，王总占股80%，李总占股20%，按照占股比例计算分红比例。其2014年有关损益类科目的年末余额如表5-3所示，假设2015年不存在所得税纳税调整因素，企业所得税税率为25%。按照章程规定，如果企业有盈利，在净利润的基础上，提取20%的发展基金、20%的风险基金、10%的法定盈余公积、10%的任意盈余公积，求股东可供分配利润是多少，王总和李总可各分多少钱到私人账户？

表5-3 广州××服饰公司2014年有关损益类科目的年末余额

单位：万元

科目名称	金额
主营业务收入	600
其他业务收入	70
公允价值变动损益	15
投资收益	60
营业外收入	5
主营业务成本	400
其他业务成本	40
营业税金及附加	8

续表

科目名称	金额
销售费用	50
管理费用	77
财务费用	20
资产减值损失	10
营业外支出	25

（1）营业利润=营业收入-营业成本-税金及附加-销售费用-管理费用-财务费用-资产减值损失+公允价值变动收益（-公允价值变动损失）+投资收益（-投资损失）。

营业利润=670－440－8－50－77－20－10＋15＋60＝140（万元）。

（2）利润总额=营业利润+营业外收入-营业外支出=140＋5－25＝120（万元）。

（3）所得税费用=120×25%＝30（万元）。

净利润=利润总额-所得税费用=120－30＝90（万元）。

（4）股东可供分配利润。

风险基金=净利润×20%＝90×20%＝18（万元）。

发展基金=净利润×20%＝90×20%＝18（万元）。

法定盈余公积=净利润×10%＝90×10%＝9（万元）。

任意盈余公积=净利润×10%＝90×10%＝9（万元）。

股东可供分配利润=净利润-风险基金-发展基金-法定盈余公积-任意盈余公积=90－18－18－9－9＝36（万元）。

王总可分配的利润=36×80%＝28.8（万元）。

李总可分配的利润=36×20%＝7.2（万元）。

5.2.3 分红需要缴纳个人所得税

根据《中华人民共和国个人所得税法》第三条，利息、股息、红利所得应纳个人所得税，适用比例税率，税率为20%。

王总需要缴纳个税= 28.8 × 20% = 5.76（万元）。
李总需要缴纳个税= 7.2 × 20% = 1.44（万元）。
王总能获得的分红= 28.8 - 5.76 = 23.04（万元）。
李总能获得的分红= 7.2 - 1.44 = 5.76（万元）。

5.3 如何解读现金流量表

现金流量表是企业在一定会计期间现金和现金等价物流入和流出的报表。资产负债表是企业的"家底子"，利润表是企业的"面子"，而现金流量表则是企业的"日子"。日子过得好不好只有自己知道。现金流量表有利于财务报表的使用者了解和评价企业获取现金和现金等价物的能力，用来预测企业未来现金流量是否满足企业发展的需求，表5-4所示为现金流量表（简版）。

表5-4 现金流量表（简版）

编制单位：　　　　　　　　　___年__月__日　　　　　　　　单位：元

项目	本期金额	上期金额
一、经营活动产生的现金流量：		
销售商品、提供劳务收到的现金		
收到的税费返还		
收到的其他与经营活动有关的现金		
经营活动现金流入小计		
购买商品、接受劳务支付的现金		
支付给职工及为职工支付的现金		
支付的各项税费		
支付的其他与经营活动有关的现金		
经营活动现金流出小计		
经营活动产生的现金流量净额		
二、投资活动产生的现金流量：		
收回投资收到的现金		

续表

项目	本期金额	上期金额
取得投资收益收到的现金		
处置固定资产、无形资产和其他长期资产收回的现金净额		
处置子公司及其他营业单位收到的现金净额		
收到其他与投资活动有关的现金		
投资活动现金流入小计		
购买固定资产、无形资产和其他长期资产支付的现金		
投资支付的现金		
取得子公司及其他营业单位支付的现金净额		
支付其他与投资活动有关的现金		
投资活动现金流出小计		
投资活动产生的现金流量净额		
三、筹资活动产生的现金流量：		
吸收投资收到的现金		
取得借款收到的现金		
收到的其他与筹资活动有关的现金		
筹资活动现金流入小计		
偿还债务支付的现金		
分配股利、利润或偿还利息支付的现金		
支付的其他与筹资活动有关的现金		
筹资活动现金流出小计		
筹资活动产生的现金流量净额		
四、汇率变动对现金及现金等价物的影响		
五、现金及现金等价物净增加额		
加：期初现金及现金等价物余额		
六、期末现金及现金等价物余额		

单位负责人：　　　　　　财务负责人：　　　　　　制表人：

5.3.1 现金流量表的结构

现金流量表由经营活动产生的现金流量、投资活动产生的现金流量、筹资活动产生的现金流量三大板块构成，图5-9所示为现金流量的分类。

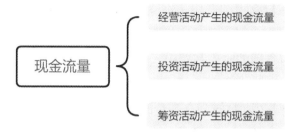

图 5-9 现金流量的分类

案例解析

广州××有限公司 8 月的业务如下。

（1）主营产品销售收入 220 万元，其中有 100 万元是应收账款，120 万元已经到账。

（2）支付产品采购货款 120 万元，已支付 70 万元，50 万元是赊账，1 个月以后偿还。

（3）发放员工工资 30 万元。

（4）支付税款 12 万元。

（5）从银行贷款 100 万元，已到账。

（6）归还前期贷款 50 万元。

（7）支付业务宣传费 10 万元。

（8）支付差旅费 8 万元。

（9）支付办公费用 1 万元。

（10）变卖旧设备收入 20 万元。

现计算该公司经营活动产生的现金流量、投资活动产生的现金流量、筹资活动产生的现金流量各是多少？

现金流量表是按照收付实现制计算的。收付实现制也称现金制，是以收到或支付现金作为确认收入和费用的标准。凡是属于本期实际收到款项的收入和支付款项的费用，不管其是否应当归属于本期，都应作为本期的收入和费用入账。凡是本期没有收到款项的收入和未支付款项的费用，都不作为本期的收入和费用入账。

例如，主营产品销售收入 220 万元，其中有 100 万元是应收账款，120 万元已经到账。在核算现金流量时，只能按照 120 万元入账。

支付产品采购货款 120 万元，已支付 70 万元，50 万元是赊账，1 个月以后偿还。在核算现金流量时，只能按照 70 万元入账。

哪些业务属于经营活动产生的现金流量？

- 主营产品销售收入 220 万元，其中有 100 万元是应收账款，120 万元已经到账。
- 支付产品采购货款 120 万元，已支付 70 万元，50 万元是赊账，1 个月以后偿还。
- 发放员工工资 30 万元。
- 支付税款 12 万元。
- 支付业务宣传费 10 万元。
- 支付差旅费 8 万元。
- 支付办公费用 1 万元。

经营活动产生的现金流量 = 120 − 70 − 30 − 12 − 10 − 8 − 1 = − 11 万元。

哪些业务属于投资活动产生的现金流量？

- 变卖旧设备收入 20 万元。

投资活动产生的现金流量 20 万元。

哪些业务属于筹资活动产生的现金流量？

- 从银行贷款 100 万元，已到账。
- 归还前期贷款 50 万元。

筹资活动产生的现金流量 = 100 − 50 = 50 万元。

5.3.2 现金流量表的解析

（1）经营活动产生的现金流量，代表企业的"造血功能"。如果一家企业的经营活动现金流量金额比较大，说明这家企业的成长性很好，有发展的空间，企业持续盈利的能力强。

（2）投资活动产生的现金流量，代表企业的"献血功能"。如果企业的投资活动现金流量为负数，说明这家企业处在成长阶段；如果为正数，则说明这家企业处在战略调整阶段，正在对现有资产进行处置。

（3）筹资活动产生的现金流量，代表企业的"输血功能"。筹资活动是指导致企业资本及债务规模、构成发生变化的活动。如果筹资活动产生的现金流量为正数，表示有风投进入或从银行拿到了贷款；如果为负数，则表示偿还了债务、偿付利息、分配股利或利润等。

一般而言，现金净流量越大，表明企业的偿债能力越强，越有利于企业更好地发展。

5.3.3 现金流量表的编制方法

编制现金流量表最简单的方法就是从出纳日记账调账，以当月的营业收入为基础数据开始调整。

三张报表中，编制难度最大的是资产负债表，需要前期数据做支撑。利润表和现金流量表相对来说比较简单，大家可以尝试编制。

第6章 如何管理财务人员

一些老板经常会提出下面这些问题:

财务人员怎么招聘?

财务人员如何考核?

财务人员如何培养?

财务人员沟通能力不行。

财务人员执行力不行。

财务人员不爱学习。

财务人员不会搭建财务系统。

财务人员不会做内控。

财务人员不会做预算。

财务人员不会做税务策划。

财务人员经常和业务部门吵架。

财务人员缺乏领导力,不会带团队。

试问您的财务人员是不是也存在这些问题?如果是,希望本章内容能对您有所启发,从而帮助您培养适合企业发展的财务人员。

6.1 如何招聘财务人员

经常有老板给我打电话说:"蔡老师,你帮我们招聘一个财务人员吧,按照市场的薪酬就可以。"企业选择财务人员,要先弄清楚到底要找一个什么样的财务人员。财务人员分为很多种,包括做账的、报税的、收款的、统计库存数据的、催收账款的、分析成本的、分析费用的、策划税务的、进行企业内控的、做预算和做审计的……企业要想招聘一名合适的财务人员,要先梳理好公司的定位、商业模式、招商方案,因为这些因素直接决定了企业的财务核算模型。

6.1.1 中小微企业的现状

很多中小微企业面临如下情况。

(1)没有财务人员。

(2)老板娘收钱,记流水账。

(3)亲戚管钱。

(4)请会计记录流水账。

(5)报表做不出来。

老板想要一份财务报表，会计做不出来，为什么？因为基础数据断层。很多企业在成立之初，组建了"销售团队"。当企业规模扩张到20人左右时，再请个人事专员。企业应该什么时候请财务人员呢？这要等公司过了"生死存亡期"。以上情况与98%的企业相符。以前，我举办老板财税沙龙的时候，经常把销售部比作企业的"原配夫妻"，把财务部比作"半路夫妻"，引来老板们的一片笑声。老板们说："蔡老师，你这个比喻太容易理解了。"半路来的财务人员，怎么可能知道公司全部的数据呢？老板还埋怨财务不行。其实，不是财务不行，而是最初的数据没有留存下来，怎么办？企业只能清产核资，对资产进行大盘点，重新建账。

6.1.2 财务人员的类型

财务人员可以分为小财务和大财务。

(1)小财务：做账、报税、管钱。图6-1所示为小财务的基本工作。

(2)大财务：又称全能型财务，也是老板最想要的财务人员。这一类型的财务人员就是大家常说的文武双全的财务人才，既能帮助老板做好企业的成本分析、预算管理，又能帮助老板做好税务策划、投融资管理，还能长期出差查每个分、子公司的财务情况。

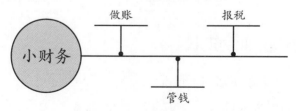

图6-1 小财务的基本工作

如图6-2所示，除了"小财务"的三项基本工作，大财务的工作内容还包括成本管控、风险管控、预算管理、分析报告、税务策划、决策支持、内部审计、资金信控、投融资管理、上市辅导、并购重组、招商方案设计、商业模式设计、阿米巴核算、绩效管理、股权激励、股权设计、集团化管控。

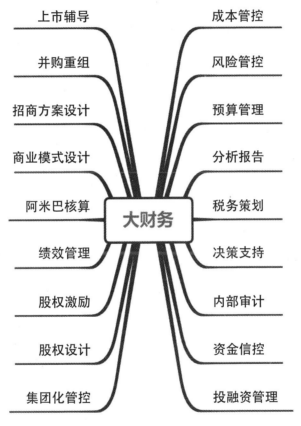

图6-2 大财务的工作内容

企业想找一个好的财务人员，不是一般的难，这也是很多老板愿意花钱培养财务人员的原因。山一程，水一程，从企业初创阶段到成熟阶段，从最初的记账报税到并购重组，一名优秀的财务人员将伴随老板跋山涉水走过一程又一程。

6.1.3 如何面试财务人员

很多老板问我:"蔡老师,如何面试财务人员,我也不懂财务。"我说:"你们可以不做财务,但是一定要懂财务。要不然怎么管理财务人员,考核财务人员,晋升财务人员?老板可以不掌握'术',但是一定要掌握'道',这样才能更好地选择财务人员。"

一个优秀的企业家,一定是半个财务专家。那么,我们该如何面试财务人员呢?老板要想让财务人员忠于企业、忠于老板,要先满足财务人员的物质需求,然后是精神需求。假设老板招聘一名财务人员,给4000元工资,想让他什么都干,并且让他把自己当成企业主人翁,这是不太现实的。假设大公司和初创企业同时用4000元薪资招聘一个实习生,实习生会选择大企业,因为在大企业能增长见识,学到很多东西。刚毕业的大学生在大企业工作1~2年后,到小企业做个小主管,专业能力也是绰绰有余的。

财务人员也是人,我们要通人性,了解人的需要。如图6-3所示,按照马斯洛的人类需要层次论,我们要先满足财务人员物质方面的需要,让他们有归属感、安全感,然后才是精神方面的需要。

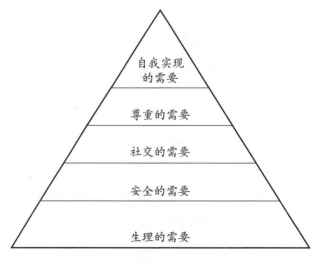

图6-3 马斯洛的人类需要层次论

6.1.4 财务人员黄金十问

面试财务人员时可以采用黄金十问。

（1）多久给父母打一次电话？——测人品。如果一个人连父母都不孝顺，想让他忠于企业是不可能的。小孝孝父母，中孝孝企业，大孝孝国家，以小见大。

（2）除了财务，还有什么爱好？——测兴趣。

（3）职业规划是什么？——测梦想，看看你的企业是否能满足他的需求。

（4）如何看待企业文化和团队建设？——测凝聚力。

（5）除了财务专业，还对什么专业感兴趣？——测横向发展能力。

（6）如何评价上一家公司？——测是否有感恩之心。

（7）如果有同事需要帮助，你会怎样处理？——测沟通协调能力。

（8）如何搭建一个公司的财务系统？——测全局观和是否有系统逻辑思维。

（9）如何管理下属？——测领导力。

（10）怎样跟税务局、银行等部门打交道？——测职业谈判能力。

企业选拔人才比培养人才更重要！如果一个人的人品好，哪怕业务能力差一点都不怕。因为人品很难培养，但只要上进好学，业务能力很容易提升。当然，人品好且业务能力好的人才是我们最需要的人才。

6.2 如何培养财务人员

企业培养财务人员最好的方法是让他给老板做助理，以便其更好地了解公司的业务板块和发展布局，梳理业务流程，从而更有利于其以后开展财务工作。企业老板通常会多招聘几个助理，以便将他们匹配到不同的部门。一般来说，总助理的岗位是最有利于培养人才的。

在金税四期的严监管之下，企业更多的数据将被税务局掌握，对财务人员的要求也更高。企业如何通过财务手段降低成本、增加利润、增加现金流是摆在老板面前的一个难题。

6.2.1 财务人员的能力素养

财务人员需要具备以下能力素养。

（1）营销思维。营销思维主要培养什么呢？对公司的产品价格、特性的了解，市场调研能力……这是我2008年刚到广州时，总部培训我的工作内容。先让我在销售部工作半年，然后才调到财务部工作。为什么呢？因为当时财务部没有人了解业务，也没有人认识产品，去仓库盘点货物，经常张冠李戴，有些产品只知道名字，和实物对不上。老板为了防止销售人员糊弄财务，就让我先学习销售。那段经历，为我创业打下了坚实的基础。只有了解公司的产品有什么、库房哪个区域的哪个产品卖得好、哪个产品出了什么问题，才能梳理业务流程，并提出管控措施。当你学会基本的营销后，你和业务部门的人员之间才能更顺畅地沟通，并且他们更容易在工作上配合你。

（2）专业技能。刚出校门的财务专业毕业生，会发现在教材上学的知识与实操差别很大，每个企业的管理也不相同。这就要求企业根据自身业务发展的需要，在不同阶段培养不同的人才，如数据透视表、PPT、股东会报告、预算管理、成本控制、风险管控、税务策划、股权设计、阿米巴核算、决策分析、搭建财务系统等方面的人才。

（3）职业素养。包括谈判能力、沟通能力、领导力、情商、逆商等。股东会上有一些问题老板不方便说，财务人员要负责解释；税务局专管员或社保局的人来企业，财务人员要负责接待；等等。这些工作非常考验人的能力，我就是这样一步一步被训练出来的。

（4）销讲能力。如果你想培养一员得力的财务干将，销讲是财务人员要过的第一关。银行、税务局、工商局、社保局等相关部门工作人员及股东、高管都需要财务人员来周旋。财务人员学会了销讲可以起到事半功倍、四两拨千斤的效果。

如果老板想要更快地实现业财融合，去参加培训学习，诸如商业模式、招商方案、股权激励、薪酬绩效、团队打造等总裁班系列课程时，可以带上财务人员。

有些老板说："蔡老师，我的财务人员不行，专业不行、沟通不行、领导力不行、执行力不行……"

我想问问这些老板：当你带着营销部的人去学习营销、团队打造等课程的时候，你带财务人员去学习了吗？别的企业的财务人员会搭建财务系统、筹划税务、做预算管理，是他们一出校门就会吗？这些都得在工作中有人带、有人教。你给公司请营销顾问、法务顾问，请过财务顾问吗？

6.2.2 设计财务晋升通道

很多中小微企业财务部归老板娘管理，财务人员还有上升的空间吗？没有。怎么办？老板要重新设计财务人员晋升通道，要让财务人员有上升的空间，有动力去拼搏。如果财务部只有两个人，一个是老板娘，另一个是财务人员，这样的组织架构，财务人员大概率干两年就走了。这里有一个真实的案例。广州番禺的几个老板来到我办公室，其中一个老板问我："蔡老师，我对公司的会计挺好的，她为什么干着干着就不干了？"我问："干了多久？"这位老板说："两年。"我说："不错了，都干了两年了。换成我最多干一年，因为在你这里学不到东西。"老板恍然大悟，原来是自己的公司太小了，会计得不到更多的成长。

我给大家画一个简单的财务部组织架构图，如图6-4所示，大家可以根据公司的实际业务情况及发展需要进行设计。

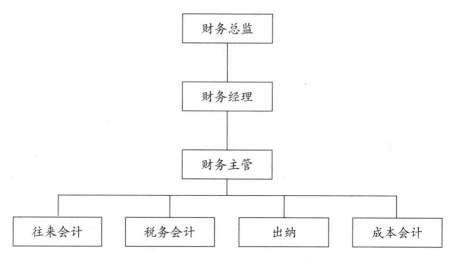

图 6-4 财务部组织架构

老板要给财务人员上升的空间，明确做到什么程度可以升级为主管。例如，财务人员刚来的时候，企业数据混乱，没有账目，经过一年的时间，财务人员搭建好了账务体系，设计好了管理报表，是不是就可以升级主管了？

6.3 如何考核财务人员

有些老板问我："蔡老师，我该如何考核财务人员，如何量化指标？"每个企业的管理不同，应结合自己企业的业务发展需求，设定相应的考核指标。

2016年，我在一家企业上班，老板打算推行业财融合、预算管理，单独核算某个项目能够创造多少利润。从项目一开始我就要介入，合同要经过我，项目预算我要参与。如果这个项目亏了，我和项目负责人各担一半责任。我的绩效考核指标扣除标准与营销总监是一样的。我的工资的四分之一需要进行考核，你认为我要不要用心做？

我给大家一个简单的考核框架，如表 6-1 所示，大家可根据自己公司的实际业务情况及管理需求设计相应的考核指标。

表 6-1 财务人员考核方案参考表

考核项目	考核占比	考核得分
最新的政策法规是否掌握		
财务专业学习及实操运用		
专项费用控制		
预算管理		
税务策划节税金额		
人才梯队建设		
日常会计实务和操作		
职业道德		
跨部门团队协作		
综合评分		

6.4 如何"送走"财务人员

如果财务人员自己辞职了，他会主动做好工作交接。如果财务人员不能胜任工作，怎么"送走"财务人员？这是很伤脑筋的一件事。聪明的老板不会和财务人员"硬碰硬"，而是采用迂回战术，让财务人员开开心心地"走"，甚至时不时回来看看老板，这才是最好的解决方案。

案例解析

2018 年 9 月，有个制造行业的老板给我打电话说："蔡老师，我想请你做财务顾问。"我问："怎么了？"老板说："你来我办公室，我们面谈。"等我到了以后，直接介入工作，现场辅导会计小陈如何操作，然后帮他们核对上个月的账务。

第三天我才知道，原来这个老板是让我帮他们交接工作，因为老会计想去外面兼职几家公司的财务，刚好老会计的女儿小李毕业了，老会计就想让小李在这家公司的财务部工作。但是，这个老会计做得有点过分，她自行让小李在这里工作，没有经过老板同意。等老板出差回到公司的时候，小李已经上班了，老板也不好不让小李留下。于是老板就对老会计说："你在这里工作好几年了，这点面子还是要给你的，先让小李干着试试吧。如果可以就留下，不行就再换。"其实老板还是挺好说话的，问题出在哪儿呢？小李是本地人，普通话讲得不太好，讲广东话。但是工人来自全国各地，都讲普通话，听不懂广东话。所以大家工作配合起来很困难，每个人和小李沟通都要写纸条。随着投诉的人越来越多，老板无奈之下只好换人。于是，老板请了新的会计小陈。

企业的报税密码和银行汇款密码，老会计都不愿意告诉新来的会计小陈。会计和出纳都由老会计一个人干，可见这家公司的账目很乱。等老会计来的时候，我就去交接工作了。老板介绍说："这是新来的会计。"我说："麻烦您把报税的密码告诉我，还有什么工作请您多多指教，我慢慢学。"这时她的脸色比刚进办公室时好了一些。我去倒了一杯热水，说："姐，您先喝水吧，一会儿再交接。"老会计微笑着说："没事，现在和你交接吧，一会儿我还要回家做饭呢。"

交接时，老会计坐着，我站在桌子旁边看着，刚好有几根头发飘落到老会计脸颊上，我顺手帮老会计整理了一下头发，老会计又笑了。这一切都被老板和小陈看在眼里。不一会儿工夫我们就交接完了。等老会计走后，老板说："小陈啊，你看到蔡老师怎么交接工作了吗？蔡老师这么快就交接完工作了，这里面是有技巧的。"

晚上老板送我回家时说："蔡老师，交接工作时，你向老会计微笑，给老会计倒水这都是出于礼貌。你知道最高明的地方在哪里吗？"我说："不知道，哪里？"老板说："最高明的地方，就是你给老会计整理头发。这个细节，一般人想不到。"

过了几个月，这位老板给我打电话说："蔡老师，财务部的工作现在进展得很顺利，前几天那个老会计还回来看我呢。"我说："挺好的，这么多年，都是老朋友了，互相关照。"

每家公司的管理理念不同，遇到的人也不同。不管怎样，我们要和和气气地把工作交接好。你来，我欢迎；你走，我欢送。

第7章 财务战略规划

在金税四期"以数治税"的大背景下,企业如何合规经营,搭建财务系统呢?第7~13章将从财务战略规划、账、钱、税、预算、内控、投融资板块给大家进行简单介绍,旨在为大家打开工作思路。大家可以根据本企业的实际业务情况,设计相应的表单、流程、制度、管理报表体系,通过数字化的运营管控,为企业决策提供依据。

本章将主要介绍财务战略规划,它是根据企业战略制定的,用于支撑企业战略的实施。我们要先了解企业未来3~5年的战略,然后依据商业模式、招商方案制定企业的财务核算模型,即业财融合一体化的财务核算模型。

第7章 财务战略规划

7.1 财务平衡铁三角

经营一家企业,我们要先了解企业由哪些系统构成。常见的企业管理十大系统如图7-1所示。业财融合,先有业务后有财务。招商、财务、法务是企业不可或缺的板块。

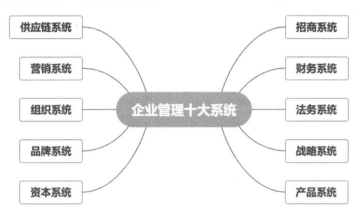

图7-1 企业管理十大系统

财务平衡铁三角,是指收入、现金流、利润财务三角战略模型。在资源有限的情况下,企业要生存、谋发展、同时还要保证资金链不断裂,而大部分中小微企业不可能同时使三者达到最好的状态,因此会在不同的阶段,做出必要的选择。企业的发展选择大致分为三类:现金优先型、利润优先型、收入优先型。图7-2所示为财务平衡铁三角。

图7-2 财务平衡铁三角

113

7.1.1 现金优先型

企业追求现金优先，只有有了充足的现金流，才能支付租金和员工工资等。根据国家发展改革委发布的数据，2022年上半年全国注销企业46万家。这意味着什么？意味着现金流断裂，企业经营举步维艰，只能选择注销。

如何才能保持现金流充足呢？这需要与企业的商业模式相结合。

（1）卖产品：采用预售方式。

（2）卖项目：卖代理、卖合伙人。

（3）卖股权：股权融资。

只有将以上三者融合，方能保证企业现金流充裕。同时，企业还要加强应收账款和存货的管理，第9章将给大家详细讲解。

案例解析

广州××服饰公司新设计了一款汉服，款式新颖，符合市场需求。但是要想更快地获得现金流，应该怎么办？可以低价预售。但这就牺牲了企业的利润。然而为了"活着"，只有一个字——卖。等拥有一定数额的现金流后，该企业恢复原价销售。这就是典型的"现金优先型"，图7-3所示为现金优先型。

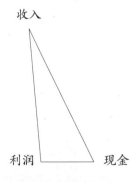

图7-3 现金优先型

7.1.2 利润优先型

利润优先型需要强大的资金链做支撑,也就是大家常说的"赊销"。企业为了和竞争对手抢占市场份额,放宽销售政策,将账期从1个月延长到2个月甚至3个月。久而久之,形成整个行业的"三角债"。此时,缩短账期是对企业自身最有利的选择。否则,大批的应收账款收不回来,将导致企业现金流断裂,资不抵债,最后只有破产清算。图7-4所示为利润优先型。

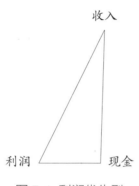

图7-4 利润优先型

案例解析

2020年直播带货兴起,对服装行业冲击很大。经营实体店的老板为了巩固市场,采用赊销模式销售产品。后来因资金短缺,不得不用房、车抵押贷款购买原材料,最终血本无归。

7.1.3 收入优先型

收入优先型多用于企业发展期或成熟期,企业的产品开发方向为同行业里的差异化竞品。市场越来越细分化,只有进行差异化竞争,才能赚钱。如果做得好,过几年还可以考虑把企业卖给上市公司。这种差异化竞品量不大,但是现金流充足,利润高。图7-5所示为收入优先型。

图7-5 收入优先型

案例解析

以财务教育机构为例,在金税四期的大环境下,中小民企老板对财务越来越重视。财务培训板块其实是不赚钱的,大部分都分给了分公司、子公司、渠道商,只有少量的利润留在了总部。那么,财务培训靠什么赚钱呢?靠的是企业财务顾问、财务系统咨询案、上市辅导、并购重组等,这些都是几十万元起的大现金流、高利润产品。

7.2 财务的四大平衡作用

财务在整个管理中,主要扮演"平衡"的角色:平衡企业赚的钱是否安全,是否有财务风险,花钱的效率和效益如何,战略与资源是否匹配。图7-6所示为财务的四大平衡作用。

图7-6 财务的四大平衡作用

7.2.1 平衡赚钱与风险

企业的两大职能是赚钱和分钱。那么是不是企业赚得越多越好？在合法合规的前提下，肯定是赚得越多越好。但如果不合法、不合规，靠偷税和漏税赚钱，将会有牢狱之灾。中小微企业的老板，如果不懂得这些风险，其实就是走在进监狱的路上。

7.2.2 平衡赚钱与花钱

中小微企业老板多是业务员出身，在某个行业做久了，就开始自己创业。凭借自身的营销专长，接到很多订单。但由于他们缺乏财务管控思维，花钱没有预算，觉得自己能赚钱，于是这里办一家分公司，那里开一个办事处，几十万元砸下去，结果过了几个月就关门了。赚钱是一门技术，花钱也是一门技术。如何才能收支平衡、四两拨千斤、花小钱办大事？这些都是要通过数据分析，才能科学决策的。

7.2.3 平衡控制与效率

有些中小企业缺乏内控，总想着照搬上市公司或行业龙头企业的管理模式。试问，这些管理模式真的适合您的企业吗？每个企业的发展阶段不同，每个阶段都有与之相匹配的财务制度，需要根据企业的实际发展情况，设计相应的表单、制度、流程。

7.2.4 平衡战略与资源

在信息爆炸的今天，企业的资源相当有限，而企业的战略又实实在在地摆在眼前。企业该如何匹配战略和资源、实现资源效益最大化？这就需要企业根据战略目标匹配资源，将资源向重点战略业务倾斜，从而实现资源与战略的平衡。

7.3 民企财务的五个级别

根据中小微企业的账务情况,财务咨询机构将中小微企业分为五个级别,大家可以对照一下,看自己的企业处于哪个级别,然后根据企业的发展规划,制订提高账务处理水平的方案。

7.3.1 第一级:流水账级别

刚成立的新企业,一般都是老板负责业务,老板娘负责收钱,朋友和亲戚负责采购和生产。这些新企业大多只记录了一本收支流水账,库存也不一定准确。

流水账级别的企业有以下特征。

(1)企业年营业额为500万元以下。

(2)外账委托给代理记账公司。

(3)内账记录流水与外账差别极大。

(4)除现金外,资产记录不清。

(5)企业无财务人员。

刚成立的企业,首先要解决生存问题,90%的中小微企业都是这么走过来的。这个阶段能够维持收支平衡就已经不错了。

7.3.2 第二级:糊涂账级别

当企业经营2~3年后,年营业额达到3000万元,接的订单也变大了。然而当客户询问产品的报价时,业务经理非常茫然。为什么会这样呢?因为以前没有计算购买了多少材料、生产了多少成品,所以无法回答这个问题。

糊涂账级别的企业有以下特征。

(1)不知道企业赚了多少钱。

（2）不知道企业有多少存货。

（3）不清楚企业交了多少税。

（4）不会测算企业保本点。

（5）不知道企业的每个产品贡献了多少利润。

（6）不知道企业的每个员工贡献了多少利润。

（7）财务人员只会记录数据，不会分析数据。

如果有几家公司同时报价，你的公司报不出来，就会失去眼前的客户。价格报高了，客户可能不合作；价格报低了，公司又会亏本。到底应该给出多少的报价，每个产品能赚多少钱，每个人贡献了多少利润？一连串的问题在老板的脑海里打转。没有一组清晰的数据，就无法有效地进行管理。

7.3.3 第三级：变革级别

当老板有了规范财务的想法后，去找财务人员商量方法，以便计算成本、利润和报价。这时候往往会遇到财务人员专业水平有限，不会核算，或者其他人不配合而核算不清楚等问题。老板想规范财务，一个字——难。

变革级别的企业有以下特征。

（1）财务想规范，业务不配合。

（2）老板想规范，利润会减少。

（3）高管想规范，业绩受影响。

（4）股东要分红，核算出不来。

（5）团队想规范，能力跟不上。

市场变幻莫测，只有规范财务，核算出产品成本，才能更好地计算出能赚多少钱。同时，财务规范意味着税收成本会增加。成本和利润之间存在此消彼长的关系，成本增加利润就会减少。但是，如果不规范财务，就无法和同行进行竞争。其他同行都能给出报价，你的企业给不出来，就会失去合作机会。在产品质量一样的情况下，谁的报价低客户就愿意买谁的。

到了年底，股东问："今年赚了多少钱，能分多少钱？"你连一个清晰的报表都没有，怎么向股东交代？股东出钱投资是要拿分红的，如果连分红都算不出来，很可能会导致股东分家。

此外，如果没有完整的数据，也无法对员工进行绩效考核。优秀的人才如果得不到应有的激励，很容易被其他公司挖走。业务骨干被挖走以后，慢慢地其他人也会离开公司。

7.3.4 第四级：财务系统级别

老板经过激烈的思想斗争后，决定进行财务整改。老板招来一个优秀的财务负责人，给财务人员"撑腰"说："公司要开始规范财务，如果哪个管理人员不配合就换掉。"通过规范财务，企业不仅能核算出每一款产品的成本和利润，还能建立一套经营分析体系。

财务系统级别的企业有以下特征。

（1）利润可保。

（2）运营可表。

（3）未来可期。

（4）风险可控。

（5）数据可查。

（6）问题可现。

从公司长远发展的角度来看，财务规范有利于提升企业的市场竞争力，让财务人员清晰地核算出产品成本、产品毛利、每一个员工为公司创造了多少利润等。当有些员工对待遇不满时，用数据说话，数据是你最好的话术。老板可以通过数据分析，快速地找到哪个环节出了问题，哪里成本、费用比较高，并制订相应的解决方案。

7.3.5 第五级：创造价值级别

经过老板、财务、高管全力以赴的努力，企业实现了业财合规，步入一个更高的级别——创造价值级别。

当财务部有了基础数据后，就可以对产品进行成本分析。有的公司实行的是项目化运作方式，可单独核算项目的利润。每个部门的业绩、费用、工资、福利、人员投入产出比，都有很清晰的数据。通过数据分析储备优质人才，留着开发新项目使用。老板还可以通过分析应收账款的账龄，让财务部配合业务部催收账款，加速资金的回笼。有了充足的现金流，就可以开展其他的业务。

7.4 财务系统五年战略规划

7.3节介绍了民企财务的五个级别，本节将介绍企业的财务系统五年战略规划。

7.4.1 第一年：规范年

企业老板下定决心进行业财融合后，却发现企业的财务人员能力跟不上，怎么办？其他管理层有抵触情绪怎么解决？可以让员工去培训机构接受财务培训，通过培训公司的老师把老板想要说的话说出来。这样既不得罪员工，又达到了想要的结果。企业在规范年的工作重点如下。

（1）系统学习专业的财务知识。

（2）财务规范与大整改。

（3）搭建ERP信息化系统。

（4）请企业财务顾问。

（5）引进财务咨询团队。

通过系统学习财务专业知识，可以使老板、高管、财务达成共识，思想高度统一，有力地推动整改工作顺利进行。

7.4.2 第二年：内控年

实现企业财务管理规范化后，企业就可以开始搭建业财融合系统，企业财务管理进入内控年。企业在内控年的工作重点如下。

（1）内控与流程再造。

（2）风险与节税设计。

（3）精细核算与形成财务报告。

财务人员通过学习专业知识，梳理公司的业务流程、采购订单、生产订单、销售订单、发货流程、报销流程、收款流程等，并一一细化，最终实现落地见效。当以上工作完成后，财务人员可以开始做风险管控和税务筹划工作，以及分析经营报表。

7.4.3 第三年：预算年

经过前期的努力，企业打通了业财融合，培养了全员的财务思维，各部门管理层开始带领团队做部门报表，开展预算管理工作。企业在预算年的工作重点如下。

（1）搭建预算体系。

（2）搭建决策支持体系。

（3）建立成本管控体系。

企业推行预算的过程是企业选拔人才的最好时机。老板可以看哪些部门的预算做得好，成本控制得好，执行到位，安排新人到该部门培养，以便为企业储备人才。当新的人才培养出来后，老板可以考虑让他们去担任新的分公司的总经理。在实操中，有的企业为了快速扩张，从市场上挖人做总经理，给每个分公司30万元的启动资金，结果挖来的人干了2个月就干不下去了，这样就得不偿失了。

7.4.4 第四年：价值年

企业进入价值年后，老板可以开始着手布局企业未来三年的上市计划，设定营业额和利润目标，计划如何进行股份制改造。企业在价值年的工作重点如下。

（1）设定财务目标。

（2）进行股份制改造。

（3）进行上市前的准备（财务、法务等）。

7.4.5 第五年：上市年

经过前期的精心准备、艰苦奋战，企业苦尽甘来，终于可以迈进资本市场的门槛了。这时候老板可以开始模拟尽职调查，思考是走 IPO 之路，还是走并购之路。然后在市场上寻找不同的服务机构，进行对比分析，从中挑选合适的服务机构。企业在上市年的工作重点如下。

（1）管理公司市值。

（2）模拟审计尽职调查。

（3）对接服务机构（会所、律所、券商）。

虽然说未来 30 年是中国资本市场的红利期，但是老板也要根据自己企业的规模和发展阶段进行合理判断，然后决定是在主板、科创板、创业板还是北京证券交易所、香港交易所、美国纳斯达克等上市。老板通过尽职调查把这些情况了解清楚后，要对自己公司的业务进行梳理，看看哪块业务要砍掉，要新增哪些业务，哪些业务还有提升的空间等。

北京证券交易所的设立为"专精特新"中小企业打开了资本的大门。这类企业的特征是专业化、精细化、特色化、新颖化，专注于细分市场，创新能力强，市场占有率高，掌握关键核心技术，经济社会效益显著。您可以看看自己的企业是否具有这些特征，如果具有的话，可以选择在北京证券交易所上市。

7.4.6 财务铁军

老板要想做好企业的财务规范，仅靠一个人的力量是不够的，需要团队的支撑。老板在甄别财务人员能否成为财务铁军中的一员时，可以参考以下 11 条"军规"。

（1）具备招商思维、销讲能力。

（2）站在老板的角度做财务。

（3）深入了解企业的业务。

（4）为销售提供感动式的服务。

（5）早请示、晚汇报。

（6）每天写工作日志。

（7）做出的财务分析与管理报表通俗易懂，所有部门都看得懂。

（8）熟悉业务流程与关键节点。

（9）业财融合一体化，精准核算业务全流程。

（10）每月召开一次财务会议或财务培训。

（11）做资本战略型的高端人才，如果老板新成立公司走资本市场，从一开始就要财务规范。

当企业的财务团队能够跟得上业务发展的时候，老板的工作会很轻松。企业可以打造自己的财务团队，特别是对产业链、生态化、平台化的业务，财务人员可以到各个区域做市场调查、业务审计、内部审计、尽职调查等。企业在开展并购业务的时候，如果有自己的财务团队，肯定比市场上请的财务团队放心得多。因为企业的财务团队是企业自己一手培养出来的，对本公司的业务相当了解，配合起来也十分默契。建议每一位老板好好培养自己的财务团队。有很多企业的老板觉得，请一个财务团队，每个月都要支付很多工资。其实，一个专业的财务团队是帮公司赚钱的，而不是公司的费用部门。财务人员申报的很多项目，如政府补贴项目、高新企业项目等，可以直接让公司获得资金支持。

有些老板问我："蔡老师，我们该如何挑选财务人员呢？"市场上有些财务人员考了很多证书，却无法胜任工作，究其原因，不是他们的专业能力出了问题，而是在实操能力和综合素养方面出了问题。假设企业要招聘一个财务总监，一个备选对象原本在国企工作，有很多证书，在国企担任财务主管职位；另一个备选对象是从民企出来的，在一家企业工作了18年，只有中级会计职称，应该选择哪个？很多老板可能会选择从国企出来的备选对象，有国企工作背景还有证书。试问国企的财务规范吗？规范，国企不会偷税漏税。那么，他经历过企业的乱账清理吗，知道如何精细化核算成本、催收账款、设计应收账款的信用管控吗？反倒是那个在民企工作18年的备选对象更合适，因为他在同一企业工作了18年，说明其忠诚度高。他在这家企业可能经历过乱账清理、成本核算、预算管理、内控，有实操经验。有多少证书其实不重要，老板招聘财务总监要看其是否有执行力，能否帮助自己规范财务管理。

一个执行力很强的财务负责人，拥有以下三个维度的素养。

（1）财务专业技术能力。

- 账——会计核算与财务分析能力。
- 钱——资金计划与融资投资能力。
- 税——税务管理与公关能力。
- 控——成本预算与流程控制能力。
- 器——数据分析能力。

（2）个人综合素养。

- 忠诚。
- 悟性。
- 责任心。
- 逻辑性。
- 情商。
- 逆商。

（3）职业经理人能力。
- 分析判断能力。
- 独立思考能力。
- 沟通能力。
- 商务谈判能力。
- 团队打造能力。

每个优秀的财务总监都是从基层历练出来的，通过不断的学习，在实操中逐渐完善、提升自己。企业老板与其用高薪挖一个财务总监，不如投资给财务部，带领财务人员去学习。因为新来的财务总监把一个企业了解透彻，至少需要三个月的时间，三个月的工资不是小数目。培养老员工相对来说成本更低一些，因为他们对公司更熟悉，人际关系更好处理。

7.5 如何搭建财务系统

很多中小企业老板想搭建财务系统，但是却不知道从何入手。企业如何搭建财务系统呢？

7.5.1 搭建财务系统的四个必备条件

（1）有一个真正懂财务的董事长。

一个优秀的企业家，一定是半个财务总监。业财融合一体化，需要企业负责人和财务负责人全力配合。老板可以不懂具体如何操作，但是要知道从哪些方面进行管控。同时，财务人员还需要借助老板的权力推动财务系统落地实施。

（2）有一个优秀的财务总监。

为什么企业要有一个优秀的财务总监呢？因为如果财务总监的领导

力、执行力、沟通能力、专业技能不过关,再好的方案也推行不下去。

(3)具备一套健全的财务系统。

为什么企业要有一套健全的财务系统呢?因为搭建财务系统是一个系统工程,应先固化,再优化。老板和财务人员要全面考虑问题,不能"头疼医头,脚疼医脚",要从根源上解决问题。当然,问题分为主要问题和次要问题,应先抓主要问题。

(4)拥有一支强大的财务团队。

一支强大的财务团队,是落地财务系统的坚强后盾。团队成员各自具备的能力不同,有人擅长沟通协调,有人擅长招商销讲,有人擅长专业技术等。

7.5.2 财务系统主要包括哪些内容

经常有客户问我:"蔡老师,你能给我们简单介绍一下财务系统包括哪些内容吗?"这里先给大家整理一个框架,后面的章节将详细介绍。财务系统主要包括财务战略体系、账体系、钱体系、税体系、财务管控体系。

(1)财务战略体系:财务战略规划、股权架构设计、公司治理结构、财务职能规划、财务组织分工、授权审批体系。

(2)账体系:账务梳理流程、管理报表体系、核算流程体系、业务单据体系、财务制度体系、财务信息系统。

(3)钱体系:资金预测体系、资金安全体系、信用管理体系、投融资体系。

(4)税体系:历史遗留问题梳理、节税方案、如何配合税务稽查、风险防范体系。

(5)财务管控体系:成本管控体系、全面预算体系、风险内控体系、决策分析体系。

在实际工作中,老板和财务人员可以根据公司的运营情况完善不同的财务板块。有的企业刚起步,不需要设置太多体系;有的企业要走资本路线了，可能这些体系仍然无法满足工作的需要，大家可以根据公司业务的繁简程度自行设计。

7.5.3 如何导入财务系统

企业在导入财务系统的过程中，要掌握最基本的步骤，即先画图纸，后盖大楼。以下是我从财务咨询实操经验中总结的导入财务系统的九大步骤。

（1）业财融合。如果企业的业务人员不懂财务，财务人员不懂业务，沟通时就很容易产生不必要的摩擦。企业要想落地财务系统，应先让业务部门了解财务制度操作流程。如何把这些专业操作流程转化成通俗易懂的"大白话"？这就要求财务人员走出办公室，从源头了解整个业务的细枝末节。例如，梳理业务流程，明确在哪个环节应该设计什么样的表单、制度、流程等。财务人员要根据营销部、采购部、生产部、仓库、设计部、研发部等不同部门的需求，设计相应的表单，并将财务部需要的数据植入其中，然后提取、汇总和分析这些数据。

很多财务人员的缺点是缺乏营销思维，并且受专业思维的限制，容易过度谨慎、固执。企业要想实现业财融合，首先要打破财务人员的思维壁垒。这是财务人员必须跨出的第一步。如何打开财务人员的业务思维？最简单的方法就是让财务人员在每个部门工作一段时间，了解每个环节的操作流程。

案例解析

广州××有限公司，为了培养业财融合一体化的财务人员，在招聘到财务人员后，没有直接让其进财务部，而是先安排到销售部门，在销售部门工作半年后，再调回财务部。这样做的目的是让财务人员在销售部门了解产品知识、产品报价、开单、收钱、催款、盘点、市场调研等业务。

可能有人看到这里会有疑惑,财务人员懂得市场调研吗?

财务人员也是可以做市场调研的。以我自身的经历为例,狮岭(国际)皮革皮具城有很多档口,一圈走下来要一个多小时。营销经理第一次教我市场调研的时候,让我绕着皮革皮具城走了一圈。营销经理让我记住路边有哪些档口,尤其是大门口进出位置有哪几家公司,并且让我去找这几家公司。熟悉完地形后,营销经理开始让我学找产品——先给我一个样板,然后让我到市场上找相似的产品。

其实,营销经理很清楚哪家公司有这种产品。我根据营销经理给的样板找完产品后,知道哪几家公司有同类产品了,拿到了它们的样板和名片。

接下来,营销经理又开始"刁难"我了,让我去问多少码数起订,价格各是多少。于是,我又跑到市场上去问,了解到一家200码起订,一家500码起订,一家800码起订,价格各是多少。营销经理还不满意,让我将这些信息给他汇总并用一张表打印出来。最困难的是让我去问这几家公司的供应商在哪里。

我在营销部门工作了半年后,了解了业务流程,包括客户如何下单、谈账期、催收货款、盘点、处理盘点的差异数字。营销经理还教我了解哪家客户会派什么人来采购,采购员和老板之间是什么关系,会不会索取"好处费"。学完这些内容后我再回财务部工作,就很容易上手了。我知道如何和营销部配合工作,为他们设计相应的表单,在满足营销部要求的同时,也拿到了财务部想要的数据。

回到总部财务部,我和采购跟单员在同一间办公室办公。有一次,我看到一些材料时说:"我见过。"采购跟单员说:"你在哪儿见的?"我说:"在狮岭(国际)皮革皮具城的一个档口。"采购跟单员说:"你再帮我看看其他样板,你见过没?"我就把我在营销部做的笔记给她看。采购跟单员说:"太感谢你了,刚好我们订购的一批货还没回来,现在需要50码,我让业务员帮忙去买。"

因为和采购跟单员关系处理得好,她还告诉我,供应商会将同一款产品供给好几个客户,根据每一个客户的销售量,在价格上给予一定的优惠。有一次,一个温州供应商的业务员来到总部,刚好由采购跟单员接待,我就调侃道:"这个产品你们给哪家公司了?"供应商的业务员说:"你怎么知道,你是新来的跟单员吗?"采购跟单员说:"不是的,她是财务部的人,刚从狮岭(国际)皮革皮具城回来。以后你别想给我报高价了,你们报给其他客户的价格,我这里都有。"那时我才知道,营销经理让我去做市场调研,就是为了让我了解每一家公司的价格。知己知彼,百战不殆。

建议财务人员在落地财务规范的过程中千万别不苟言笑。财务人员要学会与各部门和谐相处,换位思考。用对方喜欢的话,表达你想要的结果,让对方开开心心去干活。财务人员要突破财务思维,修炼情商。

(2)共建财务思维。一个公司里有很多个部门,要想使财务规范,要从上到下系统地培训财务常识。为什么老板要带头学习呢?因为在整个财务规范落地的过程中,老板是主力。在企业老板决定进行财务规范后,财务人员先给企业高管做几场财务专场培训。各部门想要什么表格,直接提需求,财务部负责设计。财务部作为服务部门为其他部门提供支持。

(3)系统掌握相关财务知识。财务人员在落地财务规范的过程中,会遇到很多问题,每一个问题都需要专业支持,这对财务人员提出了很高的要求。企业在落地财务规范前,财务人员要和老板一起系统地学习财务课程。在研究先落地哪一个板块时,财务人员要提前把所涉及的内容琢磨透,才能带领其他部门的人一起操作。如果连财务人员都一知半解,财务规范怎么落地?财务人员在财务规范落地的过程中要分步骤、分阶段地完成相关的工作,而不是同步启动,不仅把自己搞得很累,还看不到成果。

(4)制定财务管理升级规划。老板和财务基于所学的专业知识,设计本公司的财务升级规划路线图，将每年应完成的主要工作任务和每项工作的负责人设计成表单，按照时间顺序逐个突破。

（5）确定具体事项的落地执行方案。根据老板和财务人员设计的财务升级规划路线图，设计执行方案，落实到相应的制度、流程和财务工具上。

以公司清理乱账的基础数据——库存为例，首先，我们要做清产核资，对库存、货币资金、应收账款、应付账款、固定资产、预付账款、其他应收款和其他应付款进行盘点、清查，确定差异金额。其次，分析导致实物与往来款项出现差异的原因。最后，针对具体问题，提出解决方案。

（6）设计相应的制度。财务人员根据执行方案，设计相应的制度、流程和财务工具。在第一步做实物盘点时，要先设计好库存管理制度，盘盈、盘亏制度，盘点单等工作。

（7）执行。财务人员按照先易后难、先急后缓的顺序执行方案。

梳理出来要整改的事项后，从简单的入手，这样容易提高大家的积极性。如果一开始比较难，挫伤了大家的积极性，想要推进后面的工作，就比较困难了。

（8）评估与调整。在执行方案的过程中，评估执行过程与效果，进行微调。

在推进工作的过程中，大家要看看是否与刚开始预想的一样，工作进展是否顺利，如何对不顺利的环节进行调整。在实操中，财务人员要学会灵活应对。

（9）复盘、总结、升华。要根据现有的财务管理体系执行情况及外部情况的变化，对工作进行跟踪、调整、升级和完善。在复盘总结的过程中升华效果，推动下一个阶段的工作顺利开展。

以库存盘点为例，要通过某一次盘点找到解决问题的方法，并在下一次盘点的时候对方法进行改善。在每一个项目完成后，要表彰积极配合工作的人员，目的是引导他们继续带领大家积极开展工作。火车跑得快,全靠车头带。财务规范的过程也是一样的,需要企业管理层起带头作用。如果发现有人不愿意配合,就直接让他们的上司找他们谈话。财务人员不适合出面得罪人,一旦出现"对着干"的情况,就会让双方产生负面情绪,不利于工作的推进。这些都是我在实操中总结出来的经验。老板要号召管理层一起干,财务起辅助和支撑的作用。财务为每一个部门提供相应的表单、制度、财务工具的支撑,及时帮助大家。这样整个财务规范工作才能进展得更加顺利。

在实操中,按照以上九个步骤走完一个流程后,企业财务管理的导入就会更顺利。企业要先进行小范围试点,总结落地的经验,然后将经验复制到其他环节。如果企业有很多连锁店,可以先用一个店做试验,跑通财务规范全流程后,再复制到其他店。千万不要在所有的店同时启动财务规范工作,否则某个环节出错了,就会覆水难收。

很多老板向我反馈:"蔡老师,我也想规范财务,但是财务负责人的执行能力不行。"如果遇到这种情况,建议请个财务顾问或财务咨询师。我刚开始做财务顾问的时候,也是公司老板请外面的财务顾问带我一起做,我负责执行,在实操中不断积累经验。

第8章 账行天下——账系统

中小民营企业为什么要设立账本，为什么要搭建账系统，账系统到底能发挥什么样的价值？

中小民营企业的宿命往往有三种：收购别的企业、被别的企业收购、倒闭。

如果我们的企业不能并购别的企业，也要争取成为一家被别的企业并购的企业，为国家纳税，支援国家边防建设，国富民强，共建美好家园。

如果你的企业某天要被大公司并购了，你应知道账面上有多少净利润，可以估值多少。根据企业具体情况的不同，估值可以放大 2 ~ 30 倍，通常的区间是 5 ~ 9 倍。假设企业净利润是 2000 万元，按照 8 倍估值，就是 1.6 亿元。前提是企业应把 2000 万元的净利润核算出来。核算净利润，首先需要账本。

如果企业因为经营不善，面临破产，要知道破产财产的清偿顺序，这也是为什么要建立账本的原因。数据分析、报表管理等都是财务的日常工作，同时也是企业不可或缺的重要决策依据。

很多创业者可能没有看过《中华人民共和国企业破产法》，以下是破产财产的清偿顺序。

根据《中华人民共和国企业破产法》第一百一十三条，破产财产在优先清偿破产费用和共益债务后，依照下列顺序清偿。

（1）破产人所欠职工的工资和医疗、伤残补助、抚恤费用，所欠的应当划入职工个人账户的基本养老保险、基本医疗保险费用，以及法律、行政法规规定应当支付给职工的补偿金。

（2）破产人欠缴的除前项规定以外的社会保险费用和破产人所欠税款。

（3）普通破产债权。

破产财产不足以清偿同一顺序的清偿要求的，按照比例分配。

破产企业的董事、监事和高级管理人员的工资按照该企业职工的平均工资计算。

根据《中华人民共和国企业破产法》第四十一条，人民法院受理破产申请后发生的下列费用，为破产费用。

（1）破产案件的诉讼费用。

（2）管理、变价和分配债务人财产的费用。

（3）管理人执行职务的费用、报酬和聘用工作人员的费用。

根据《中华人民共和国企业破产法》第四十二条，人民法院受理破产申请后发生的下列债务，为共益债务。

（1）因管理人或者债务人请求对方当事人履行双方均未履行完毕的合同所产生的债务。

（2）债务人财产受无因管理所产生的债务。

（3）因债务人不当得利所产生的债务。

（4）为债务人继续营业而应支付的劳动报酬和社会保险费用以及由此产生的其他债务。

（5）管理人或者相关人员执行职务致人损害所产生的债务。

（6）债务人财产致人损害所产生的债务。

创业者了解《中华人民共和国企业破产法》，有助于把握破产的时机。如果某一天企业实在运营不下去了，也知道在什么时候申请破产清算才能把损失降到最低。数据测算影响着企业的生死，一套完善的账务系统很有存在的必要。企业从生到死，财务自始至终伴随左右。

8.1 如何建账

刚成立的企业很少建账，一般都是将账目交由代理记账公司打理。代理记账公司是如何做账的呢？企业提供多少单据和发票，代理记账公司就做多少账。如果哪天企业被税务局稽查了，责任还是由企业自己承担。等企业经营到一定阶段，营业额达到几千万元时，才把账目从代理记账公司拿回来自己做。但如果以前的数据不对，怎么办？

8.1.1 中小民营企业的账目现状

很多中小民营企业的账目现状如下。

（1）只有流水账。

（2）不知道赚了多少钱。

（3）不清楚该交多少税。

（4）不知道有多少库存。

（5）不知道每个产品能创造多少利润。

（6）不知道每个员工能创造多少价值。

（7）财务人员的专业能力跟不上。

（8）财务人员不善于沟通协调。

（9）财务人员的领导力和执行力差。

（10）数据混乱。

（11）报表做出不来。

（12）做决策分析时，缺乏准确的数据。

你的企业是否存在以上问题？如果存在三个以上的问题，就要清查财产，梳理业务流程，重新建立一套完整的账务系统。

8.1.2 会计的职能

会计的职能是指会计在经济管理过程中所具有的职能。会计具有会计核算和会计监督两项基本职能，以及预测经济前景、参与经济决策、评价经营业绩等拓展职能。

会计核算职能又称会计反映职能，是指会计以货币为主要计量单位，对特定主体的经济活动进行确认、计量和报告。

会计监督职能又称会计控制职能，是指对特定主体的经济活动和相关会计核算的真实性、合法性和合理性进行监督检查。会计监督是一个过程，分为事前监督、事中监督和事后监督。

（1）会计核算的主要内容。

经常有刚成立企业的老板问我："蔡老师，什么是会计核算？会计核算包括哪些内容？"这里给大家列出会计核算的主要内容。

- 款项和有价证券的收付。
- 财物的收发、增减和使用。
- 债权、债务的发生与结算。

- 资本、基金的增减。
- 收入、支出、费用、成本的计算。
- 财务成果的计算和处理。
- 需要办理会计手续、进行会计核算的其他事项。

会计核算具有完整性、连续性、系统性、综合性的特征。

（2）会计核算方法。

有些老板问我："蔡老师，我知道会计核算的主要内容，那么核算的方法有哪些呢？"

会计核算方法是指对会计对象进行连续、系统、全面的确认、计量和报告所采用的各种方法。

会计核算方法如下。

- 设置会计科目和账户。
- 填制和审核会计凭证。
- 复式记账。
- 登记会计账簿。
- 成本计算。
- 财产清查。
- 编制财务会计报告。

七种方法相互联系、相互制约，构成了会计核算方法体系，一个有序的会计核算程序。

企业会计的确认、计量和报告应当以权责发生制为基础。

目前，我国行政单位会计采用收付实现制，事业单位部分经济业务或事项的核算采用权责发生制，其他业务采用收付实现制。

权责发生制也称应计制或应收应付制，是指收入、费用的确认应当以收入和费用的实际发生作为确认的标准，合理确认当期损益的一种会计算法。

权责发生制要求凡是当期已经实现的收入、已经发生和应当负担的费用，不论款项是否收付，都应当作为当期的收入、费用；凡是不属于当期的收入、费用，即使款项已经在当期收付，也不应当作为当期的收入、费用。

收付实现制也称现金制，是以收到或支付现金作为确认收入和费用的标准，是与权责发生制相对应的一种会计算法。

在收付实现制下记账，要求凡属本期实际收到款项的收入和支付款项的费用，不管其是否应当归属于本期，都应作为本期的收入和费用入账；反之，凡本期未实际收到款项的收入和未支付款项的费用，不应当作为本期的收入和费用入账。

案例解析一

广州××公司2022年6月发生10笔业务，采用权责发生制和收付实现制算法，费用会有多大的差异？

- 支付5月租金及水电费2万元。
- 收到5月回款20万元。
- 支付6月租金及水电费2万元。
- 6月销售产品收到80万元。
- 支付5月工资10万元。
- 支付6月工资10万元。
- 6月销售产品客户欠款50万元。
- 支付5月产品采购货款30万元。
- 支付6月产品采购货款40万元。
- 6月拖欠供应商采购款30万元。

采用权责发生制，只核算6月发生的费用。

- 支付6月租金及水电费2万元。
- 6月销售产品收到80万元。
- 支付6月工资10万元。

- 6月销售产品客户欠款50万元。
- 支付6月产品采购货款40万元。
- 6月拖欠供应商采购款30万元。

以权责发生制核算的费用为 80＋50－2－10－40－30＝48 万元。

采用收付实现制，只核算款项到账的和实际支付的费用。

- 支付5月租金及水电费2万元。
- 收到5月回款20万元。
- 支付6月租金及水电费2万元。
- 6月销售产品收到80万元。
- 支付5月工资10万元。
- 支付6月工资10万元。
- 支付5月产品采购货款30万元。
- 支付6月产品采购货款40万元。

以收付实现制核算的费用为 20＋80－2－2－10－10－30－40＝6 万元。

两种计算方法的差异为 48－6＝42 万元。

这是一个真实的案例，案例中数据稍有调整。

案例解析二

有一天深夜12点，我接到何总打来的一个电话。

何总说："蔡老师，明天你有时间吗？你来我公司一趟吧。"

我问："何总，怎么了？"

何总说："我们公司的账和钱对不上了。"

我问："哪里错了？"

何总说："会计说这个月赚了40多万元，可公司的银行卡里没有这么多钱。不知道哪里出问题了，是不是会计算错了？"

我说："你问问会计，先让会计给你解释一下，解释不清楚我再去。"

会计重新算了一遍,发现数据又不一样。何总又给我打电话说:"蔡老师,你来吧,数据又变了。"

我说:"你让会计给我打电话吧,我告诉他怎么算。"

接通电话后,我问会计:"你是按照权责发生制还是收付实现制算的?"

会计说:"蔡老师,我也不知道是权责发生制还是收付实现制。我接手的时候就是这样的,是上一任财务留下来的。"

我说:"那好吧,你想不想学,我教你。"

会计说:"好,您告诉我怎么算。"

我说:"你先把业务罗列出来,看看哪些是当月发生的,哪些不是当月发生的。然后,按照权责发生制和收付实现制各核算一遍,看看差额有多少。"

又过了一天,会计给我打电话说:"蔡老师,我算出来了,有几十万元的差额。"

我说:"那你把1月到现在发生的费用都重新测算一遍,去年的就扎账吧,把今年的费用理顺就行了。"

会计工作交接后,接替人员应继续使用交接前的账簿。如果上一任会计记录的账目是混乱的,接替人员需要把这几年的账目都重新核算一遍吗?一般,我们只需要整理从当年1月起发生的费用,以前的就不用整理了。

8.1.3 做好账的标准

老板不需要知道每一个细节如何操作,但是老板应该知道如何管控,了解做好账的标准是什么。

做好账的标准是真实、完整、准确、及时,具体内容如下。

(1)梳理业务流程。

(2)设计流程、表单、财务工具。

(3)制定相关制度。

(4)做好总账与报表。

(5)分析销售收入与应收账款之间的关系。

(6)管理采购与应付。

(7)核算成本与存货。

(8)核算费用。

(9)固定资产核算。

(10)核算其他往来账款。

(11)核算其他资产、负债。

(12)管理资产。

(13)执行内控制度。

(14)做好内部稽核。

(15)发票开具与统计。

(16)维护会计信息系统与管理数据。

(17)建立会计档案。

(18)做好统计申报。

(19)做好内部审计。

8.1.4 管理报表

财务人员根据业务信息,整理财务信息,编制报表。除了编制对外的三张标准版本的资产负债表、利润表、现金流量表,还要编制对内的经营分析报表。对内的报表根据公司的业务管理需求进行设计,并随着业务的变化调整。大家可以根据公司的实际管理需求,设计以下报表。

(1)十大销售员排行表。

(2)前二十名供应商报表。

(3)前二十名大客户报表。

（4）十大畅销产品报表。

（5）单品销售明细表。

（6）十大薪酬排行表。

（7）十大费用排行表。

（8）资金日报表。

（9）资金预测表。

（10）应收账款明细表。

（11）应付账款明细表。

（12）项目利润表。

（13）存货、库存报表。

（14）销售费用明细表。

（15）管理费用明细表。

（16）财务费用明细表。

（17）生产成本明细表。

（18）材料耗用报表。

（19）制造费用报表。

（20）收入预算表。

（21）费用预算表。

（22）预算差异分析表。

（23）上缴税费汇总表。

（24）产品采购明细表。

老板要裁员，判断哪个业务员创造的利润多，应该淘汰哪些人员，都需要有数据支撑。因为有的人业绩做得不好，但"马屁"拍得好，于是老板觉得这个人不错，就让他留下了。能做出业绩的人，可能不善言辞，不会讨老板欢心，于是给老板留下的印象不是很好，所以被辞退。老板如果凭印象、拍脑门决定人员的去留，就很容易辞退业绩好的人，岂不是把优秀的业务干将拱手让人？老板为了更好地留住人才、培养人才，要用数据评价员工的价值。表8-1、表8-2、表8-3、表8-4分别为薪酬排行明细表、费用报销排行明细表、业绩明细表、十大销售员排行表，仅供参考。

表 8-1 薪酬排行明细表

编制单位：　　　　　　　　　　年　月　日　　　　　　　　　单位：元

行次	名次	姓名	部门	薪酬	人均薪酬	备注

单位负责人：　　　　　财务负责人：　　　　　制表人：

表 8-2 费用报销排行明细表

编制单位：　　　　　　　　　　年　月　日　　　　　　　　　单位：元

行次	名次	姓名	部门	费用	人均费用	备注

单位负责人：　　　　　财务负责人：　　　　　制表人：

表 8-3 业绩明细表

编制单位：　　　　　　　　　　年　月　日　　　　　　　　　单位：元

行次	月份	部门	业务员	产品	单价	金额	毛利

单位负责人：　　　　　财务负责人：　　　　　制表人：

表 8-4 十大销售员排行表

编制单位：　　　　　　　　　年　月　日　　　　　　　　　单位：元

行次	月份	姓名	部门	业绩	回款	待回款	毛利

单位负责人：　　　　　　财务负责人：　　　　　　制表人：

8.2 如何建立分钱账

到了年底要分钱，中小微企业应该怎么分？如果内、外账数据差异偏大，该如何解决？

8.2.1 何为分钱账

分钱账就是股东、高管分红的账。分钱账不是一套单独的账，而是在现有财务账上调整、计算得出的一套表。

分钱账的核心在于提前和股东、高管约定好如果公司盈利了是否计提发展基金和风险基金，确定哪些钱可以分，哪些钱不可以分，如果应收账款没有收回来怎么分。

建立分钱账的步骤如下。

（1）确定好分钱账的核算标准和口径。

（2）确定好分钱账与会计账在收入、成本确认方面的差异汇总表。

（3）每月逐项调整分钱账与会计账的差异，将会计账的利润表调整为分钱账的利润表。

随着经济形势的变化，公司平台化、员工创客化成为一个重要的发展趋势。为了更好地刺激高管和股东做出业绩，很多企业当月分红，不再等到年底。分红是按月度、季度分，还是按年度分，每家企业应根据自身的实际情况与股东、高管协商好。

8.2.2 内、外账数据不一致，有哪些风险

90%的中小微企业存在内、外账数据不一致的现象。企业成立初期，因为业务量不多，也没有那么多钱请专职财务人员，于是就把账交给代理记账公司打理。代理记账公司根据企业提供的单据进行会计核算。很多时候企业老板提供的发票和单据不完整，不能如实反映企业的真实经营情况，于是就自己给自己挖坑，最终的税务风险还得由企业自己承担。

内、外账数据不一致存在哪些风险呢？

（1）虚开发票、偷税漏税的风险。

根据《中华人民共和国刑法》第二百零一条，纳税人采取欺骗、隐瞒手段进行虚假纳税申报或者不申报，逃避缴纳税款数额较大并且占应纳税额百分之十以上的，处三年以下有期徒刑或者拘役，并处罚金；数额巨大并且占应纳税额百分之三十以上的，处三年以上七年以下有期徒刑，并处罚金。

如果同时满足以下三个条件，偷税罪可以免于刑事处罚。

- 税务机关依法下达追缴通知后，主动补缴应纳税款，缴纳滞纳金，已受行政处罚的。
- 五年内未因逃避缴纳税款受过刑事处罚。
- 五年内被税务机关给予两次以下行政处罚。

（2）被举报的风险。

案例解析

广州××生物科技有限公司招募新的股东，投资200万元。老板和新股东谈的时候，给新股东看的是企业的内部报表。新股东给广州××生物科技有限公司打款100万元后，自己的企业资金周转出了问题，要暂时搁置一段时间，才能打余下的100万元。老板说："合同已经签好了，资金应该什么时间到账都写得清清楚楚。"新股东说："我现在资金周转不开，需要晚一个月。"老板仍然没留丝毫商量的余地。新股东一气之下，举报这家公司偷税漏税，结果该公司补缴税款、罚款、滞纳金比200万元多得多。为什么呢？因为新股东查了这家公司的纳税申报表与老板给他看的真实内部经营报表，两者的数据差额太大。

企业做绩效考核、股权激励、阿米巴、合伙制、员工创客化，一定要注意内、外账数据要一致。如果内、外账数据不一致，就会给自己埋下定时炸弹。

有些企业老板说："蔡老师，怎样才能让企业内部经营账和对税务局报税的数据保持一致呢，你能不能把步骤给我们写出来？"

财务规范的步骤如下。

（1）选择一个时间节点：选择一个开始财务规范的时间节点，如1月1日、6月30日或9月30日，通常选择季末，也可以选择某个月份，根据企业的需求进行选择即可。

（2）清产核资：先盘点库存、货币资金、固定资产，然后核对应收账款、应付账款、其他应收款、其他应付款、预收账款、预付账款、应付职工薪酬、应交税费、实收资本、资本公积等，把基础数据整理出来。为什么要一项一项核对呢？因为很多企业的内账没有记录完整，有的还存在错记、漏记，一一核对是为了确保数据的真实性、完整性、准确性。

（3）调账：根据清产核资的数据，调整内部经营账账面数据，确保账实相符、账账相符、账证相符。财务规范是一个大工程，这个环节千万别出错，否则将前功尽弃。

（4）差异分析：在调整内部经营账时，如果有些数据对不上、资产负债表左右两边不平衡，要把差异数据倒挤在未分配利润当中。有的企业核对销售单、银行存款、现金、应收账款后，发现数据对不上，有资金缺口，最后老板自掏腰包补足。为什么呢？因为有些客户的货款直接进入了老板的私人账户，没有上交财务部，这种事情比比皆是。

（5）做好差异分析的处理工作：清产核资后，要做好差异分析的处理工作，确保数据真实无误，资产负债表两边相等，遵循"资产=负债+所有者权益"的原则。处理完差异后，就不要再调整资产负债表了，再以资产负债表的数据为基础调整外账。经过一段时间的经营和筹划，逐渐使内部经营数据和对外报税数据保持一致。如果数据差异过大，可能需要一年多的时间调整。如果数据差异不大，可能几个月的时间就调整过来了。有些老板问："我能不能把没有交税的数据一次性全部补齐？"数据一个月增长太多，可能会引起税务人员的注意。

（6）把内、外两套账合并为一套账后，还要检查一段时间，看看会不会产生新的差异。如果没有差异，就以这个数据作为下一年的基础数据。

（7）等到第四季度的时候，做好建立新账套的准备。将截至本年12月31日的数据，作为来年1月1日启用新账套的年初数据，创建新的账套。原来的账套可以停用，或用于训练财务人员。每个月的业务让不同的财务人员做，检查是否与新账套的数据一致。

如果企业要走资本路线，至少要整理三年之内的账务，所以要提前做好准备。

也有些企业需要招募新的股东、合伙人，或者做绩效考核、股权激励、阿米巴运营独立核算，这些都要以一套账为基础，免得因为利益冲突,被合作伙伴举报偷税漏税,得不偿失。

现在,很多企业采用"公司平台化,员工创客化,产业生态化"的商业模式,这对财务的要求更加严格,数据变得更加透明,基本上不存在偷税漏税的可能性。在金税四期"以数治税"严监管的背景下,股东、上下游合作商、合伙人、高管、创客都在监督着你。唯有采用一套账,合法经营,依法纳税,才能确保你"税税平安"。

还有些老板问:"如果我们采用一套账,是不是就没有利润空间了?"以一般纳税人企业为例,我们可以测算一下。采购原材料时,用基本户给供应商对公付款。供应商开具的发票,可以抵扣增值税。销售产品给客户,开具发票,增值税是按照增值额的部分征收的,销项发票减去进项发票的数额,再乘以增值税的税率,可以算出其实没交多少税。员工的工资、社保等都不需要发票,企业所得税交的也不太多。此外,交税对企业有好处。企业去银行贷款,银行要以纳税额作为参考依据。企业不交税,相当于企业在银行没有信用,纳税额就是企业积累的信用额度,交纳的税款越多,贷款的额度越高。如果哪天企业急缺运营资金想去银行贷款,但没有信用额度,银行不放贷,就麻烦了。可见交税是为企业自身的持续经营"搭桥铺路"。

有些大客户可能会问:"你们企业一年交多少税?"一些大供应商会看你们企业交了多少税,决定以什么价格卖给你们企业产品。招聘高端人才的时候,也有人会问:"你们企业交税吗?"很多优质人才都知道企业交税了,出去谈业务合作才好谈,这是一个很好的谈判筹码。如果一个企业不交税,就很难吸引大客户、好的供应商、优质人才。大客户、优质供应商的财务都是规范的,他们以纳税为荣。

如果你的企业产品质量很好,在某一个区域又是纳税大户,政府甚至可能给你介绍客户。因为你是全区的企业榜样、纳税大户。用纳税换取资源倾斜,这是看不到的利润空间。

企业在合法经营、依法纳税的基础上所赚取的利润,才能体现企业与竞争对手的真实差距。如果交完税后，没有利润空间了，老板就需要思考是否应改善企业的经营管理模式，企业还能否生存下去，要不要换个行业赛道。靠偷税漏税留存利润，不能显示企业的实力。如果同行都依法纳税，依然有利润空间，说明他们的经营管理优于你的企业。从企业的长远发展来看，依法纳税以后还有利润留存的企业，更具有市场竞争力。

第9章 钱出一孔——钱系统

　　财务管理是企业管理的核心，资金管理是财务管理的核心。钱流到哪里，就要管到哪里。财务部到底有多重要呢？不管钱流入哪个部门，最终都要归集到财务部做数据分析。财务部只有抓住钱的通道，才能有效地管控每一个部门。如果其中有一个环节脱节，就无法形成闭环。所以，财务人员要学会跨部门沟通和销讲，从而更好地做好财务管控。

财务部的重要性如图 9-1 所示。

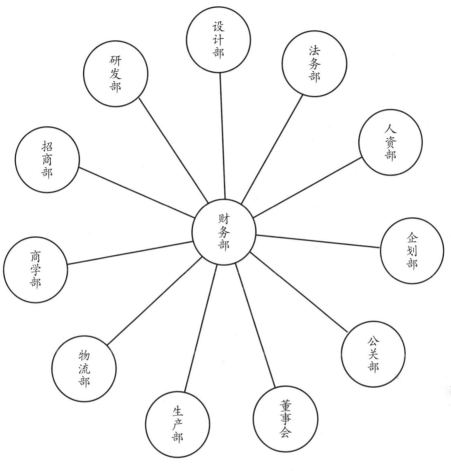

图 9-1 财务部的重要性

9.1 企业资金管理的问题

经常有人和我说:"蔡老师,我们老板的私人银行账户又被冻结了。"广州近期对电商行业的检查比较严格,因为很多个体户入驻电商平台绑定的是私人银行账户,收款笔数过多,有时候会被冻结。有的企业老板为了少交税，会开几十个私人银行账户，绑定各大电商平台。

9.1.1 中小微企业常见问题

中小微企业的常见问题如下。
- 不知道上一年赚了多少钱。
- 产品卖出去，货款收不回来。
- 明天要发工资，没钱。
- 要采购新产品，没钱。
- 要买新的设备生产，没钱。
- 税务局要扣社保款和税款，没钱。
- 熟人推销新品，采购了一大批放在仓库，用不上。
- 想要投资开展线上直播业务，没钱。
- 业务人员报销费用，没钱。
- 银行催促还贷款，没钱。
- 物业催交租金，没钱。
- 想请个财务顾问，没钱。

这些都是中小微企业经常出现的问题。我刚接触财务工作的时候，是从老板娘手里接过来的，工作包括负责总部资金调动、日常报销款、采购付款、催应收款、与物业周旋交租金时间、礼品采购砍价等所有和钱有关的事情。所以，我能深刻地体会财务工作的不容易，也能更深刻地体会中小微企业老板经营的不容易。这也是我做财务顾问很容易赢得客户信赖的原因，因为我知道他们心中的苦。

9.1.2 企业管钱的五个阶段

刚成立的企业，一般都是老板自己管钱。随着公司业务规模扩大，开始请人管钱。等老板发现财务有漏洞了，再建立财务制度进行监管。90%的中小民营企业就是这样一路走过来的。

（1）第一个阶段：自己管钱。

有些创业老板是业务员出身，在企业刚成立阶段一手负责销售，一手管钱。这时，花钱全凭老板的喜好，今天订购一个产品，明天再订购一个产品，堆积了大量的库存卖不出去，浑然不知库存就是打了捆的钞票。老板收到货款了，招待客户随心所欲；该发工资了，一看卡里没钱，于是向朋友借一些先应付过去再说。

（2）第二个阶段：家人管钱。

随着业务规模不断扩大，老板一个人忙不过来了，通常会让兄弟姐妹、父母或妻子到公司管理财务。这在中小微企业是很常见的事情。这时，家人也只是简单地记录一下流水账：今天收了多少钱，付了多少钱，还剩多少钱。但是很多家人不是财务专业出身，不能发挥财务的价值，无法合理地统筹安排资金，因此资金的使用效率和效益很低，特别是资金紧张时，问题更加明显。

（3）第三个阶段：请人管钱。

当企业发展到一定的阶段，家人管钱满足不了运营的需求，怎么办？这时应成立财务部，招聘财务人员。但是如果企业没有完善的财务制度和财务系统，缺少岗位监督和严格的资金审核制度，请人管钱存在很大的隐患，容易出现舞弊风险。

（4）第四个阶段：系统管钱。

企业搭建财务系统以后，有了完善的财务制度、严格的资金审批制度，财务管理开始按照流程制度进行。

（5）第五个阶段：机制管钱。

"90后""00后"的新一代员工，多数喜欢自由，不喜欢被约束，如果工作不开心，甚至连工资都不要就直接走人。所以，很多老板也开始采用"公司平台化，员工创客化"模式，鼓励员工内部创业。这样既满足了新一代员工的需求，又完成了工作。老板成立分公司，总部投资占股20%，一群年轻人占股80%，公司的运营由员工共同负责，赚得多，分得就多。员工自己当老板，不用监督，就会自觉干活。公司采用

"公司平台化，员工创客化"模式运营的前提是财务系统完善，有专人负责，总部只做审计抽查，偶尔进行一次走访。

9.1.3 私户收款会给企业带来哪些税务风险

个人账户收款存在极大的风险。很多老板夜不能寐，给我发信息问："蔡老师，如何才能做到财税合规？"我通常都会回答："所有的业务流水，走公司的对公账户，依法纳税。税款交得多对企业是有好处的。税款是银行发放贷款一个很重要的参考指标。"个人账户收款会给企业带来哪些税务风险呢？

（1）涉嫌虚开发票。

企业通过私人账户、个人支付宝、微信收付款，造成三流（资金流、货物流、发票流）不一致，有涉嫌虚开发票的风险。

（2）增值税无法抵扣。

增值税无法抵扣通常有以下原因。

- 买卖双方通过微信进行资金交易，导致无法填写发票上的银行账号信息。
- 开具增值税专用发票时票面信息填写不齐全。
- 因通过微信转账，导致卖方无法开具增值税专用发票。
- 买方没有增值税专用发票，无法抵扣进项税。
- 增值税应纳税额增加。

（3）相关成本费用无法税前扣除。

通过个人微信、支付宝、私人账户发工资或付款，无法取得支付凭证或合规合法的凭证，税前扣除有被调增的可能。

（4）可能被税务局认定为偷漏逃税。

增值税方面，容易和个人消费记录混淆，导致部分微信收款未申报增值税，存在偷税漏税的风险。

企业所得税方面，个人支付宝、微信接收货款，未体现在对公账户收入中，存在漏记、少记收入的风险。

个人所得税方面，个人支付宝、微信转账支付工资、发红包，存在漏报个税或刻意偷逃个税的风险。

（5）可能被税务局核定缴纳20%的个税。

如果公司通过对公账户直接给股东私人账户转账，又长期不还，税务局可视为分红，需缴纳20%的个税。

（6）公司资金账户管理混乱，甚至涉嫌挪用资金、职务侵占。

公司使用个人微信、支付宝，私人账户收付款，容易导致资金混乱，给客户、供应商等外界留下不正规的印象及证据等，并且可能涉嫌触犯挪用资金罪、职务侵占罪等。

（7）股东对债务承担无限连带责任。

公司如果长期使用股东的个人账户收付款，很容易造成公私不分。当企业出现资不抵债时，股东就要承担无限连带责任，用个人资产偿还公司债务。

随着金税四期的上线，我们将迎来税务强制规范的时代，只有规范经营，才能把公司做大做强。赚钱很重要，怎么赚钱也很重要。公司规模越大，在合规方面面临的要求就越高，老板最重要的工作是不断地给公司建"防火墙"，保证赚来的钱是合法的。

合规永远摆在企业发展的第一位。我们在埋头赶路时，也应抬头看天，跟上国家发展大势，积极配合最新的税收政策，依法纳税，为国家作出更大贡献。

案例解析一

广州××电商企业2019年在淘宝销售电子产品，获得含税销售收入21450755.74元（不含税销售额18981652.74元），增值税税率为13%，款项数据来自对应淘宝账户的支付宝收入。其中，已申报含税销售收入 11599 元，另有 21439156.74 元未按照规定申报纳税。最终连补带罚累计金额 4676144.81 元。

案例解析二

东莞××电商企业 2019 年 1 月至 12 月，通过淘宝、天猫电商平台获得销售收入合计 11410108.59 元（含税），换算成不含税收入为 10030313.22 元。该企业 2019 年已申报销售收入为 645749.19 元，剩余销售收入 9384564.03 元未按照规定申报缴纳增值税及附加税费。

根据《中华人民共和国税收征收管理法》第六十三条，该企业少报收入，进行虚假纳税申报，导致少缴应纳税款，依法构成偷税，被处以少缴纳增值税 1294968.27 元百分之五十的罚款 647484.16 元，少缴纳城市维护建设税 90647.77 元百分之五十的罚款 45323.91 元，罚款金额合计 692808.07 元。

该公司电商平台绑定的支付宝所对应的银行卡流水查询结果和金税三期税收管理系统显示的纳税申报数据，经对比分析存在差异，最后根据差异确定了罚款金额。

补缴增值税：1294968.27 元。

补缴城市维护建设税：90647.77 元。

增值税的罚款：647484.16 元。

城市维护建设税的罚款：45323.91 元。

补缴税款：1294968.27 + 90647.77 = 1385616.04 元。

总罚款：647484.16 + 45323.91 = 692808.07 元。

建议电商行业老板抓紧时间规范财务。这两年，税务局正逐渐加强对电商、主播的税收监管力度。财税合规，才是老板的立身之本。靠偷税漏税赚来再多的钱，也不是自己的，甚至还有可能锒铛入狱、失去人身自由。

9.2 如何防止现金流断裂

有些中小企业经常面临资金短缺的问题，如何做好资金测算，防止现金流断裂呢？图 9-2 所示为防止现金流断裂的八大绝招。

图 9-2 防止现金流断裂的八大绝招

（1）加大招商力度。

招商是企业增加现金流最快的方法，可以采用卖产品的方式，也可以采用卖项目的方式，还可以将产品和项目结合一起卖。如果大家不是很擅长招商，可以参加招商销讲班。

（2）不过度投资。

有些中小企业老板，账上有一些闲钱就开始四处投资。例如，投资流水线、生产车间等，折腾了一圈后，往往事没有办成，钱也没了。

（3）不过度负债。

有些中小企业老板没钱运营周转了，就向银行贷款，用贷款购买大型生产设备或投资建厂房。如果运营管理没有做好，产品卖不出去，银行又催着还贷款，怎么处理？老板就拆东墙补西墙，试图再从银行贷款。银行发现老板的资金出了问题，要求老板还旧债。由于老板的征信有问题，新的贷款批不下来。

（4）不过度运营。

直播带货兴起，做实体的企业老板慌了——开了这么多实体店，一天也没有几个顾客,长此以往,连租金和员工工资都付不起,怎么办?看到其他老板开始组建直播团队,做实体的企业老板也想自己组建直播团队,想着自己租一个直播基地,拍产品方便,主播上下班也方便。经过半年的试运行以后,老板发现做直播带货太难了,主播不稳定,直播间流量上不来,产品卖得不多。老板把这半年的投入、支出和收入核算了一下,发现是亏钱的。

其实老板忽略了一个问题——在建立直播基地之前,没有核算直播基地的投入产出比。企业是自己租一个直播场地划算,还是出钱让MCN机构的网红直播带货划算?如果没有做好对比分析,很有可能出现直播基地闲置的情况。

(5)不过度赊销。

赊销会产生大量的应收账款,收款的过程又非常艰难。如果赊销的货款收不回来,资金周转不开怎么办?一笔应收账款收不回来,相当于十笔业务白干。例如,500万元的应收账款出现坏账,按照10%的纯利润计算,公司要获得5000万元的营业收入,才能弥补500万元的坏账造成的损失。

(6)不过度压货。

在产供销一体化企业,生产车间想多备货,销售部想多备库存,等客户需要货的时候,不用等待生产,可以直接发货。但是,备货不宜太多,因为市场变化非常快,尤其是女装行业,一个月会推出很多新款,今年卖不出去,明年就赶不上潮流了。一堆一堆的库存都是钱。

(7)预防经营不善。

广州××化妆品有限公司,前期做市场宣传、产品策划、培训美容导师花了不少钱。老板认为既然有这么多销售人员和美容导师,那就多推出几款产品吧。于是设计产品包装盒、定制套盒、购买原料等,又花了不少钱,导致现金流紧张。结果设计的新品没卖出去多少,最终公司亏了一笔钱,得不偿失。

（8）资金通道通畅。

企业应该在有钱的时候向银行贷款，还是在没钱的时候向银行贷款？如果从来没有从银行贷款过，企业的信用从何而来？企业要在有钱的时候，适当地向银行贷款，通过这种方式与银行建立合作关系，塑造企业在银行的信用，打通资金通道。如果哪天企业急需资金周转，可以向银行贷款，保证资金迅速到位，以解企业的燃眉之急。

9.3 钱系统的标准

钱是一个企业的"命根子"，有钱可以东山再起，招揽高端人才，研发新产品。通过产品迭代更新，与时俱进，拥抱变化，迎合市场的需求。做好账的标准是真实、完整、准确、及时。那么，管好钱的标准又是什么呢？

管好钱的标准是严、清、快、准，具体要求如下。

（1）做好现金管理。

（2）做好银行账户管理。

（3）做好票据、有价证券管理。

（4）做好资金结算。

（5）登记日记账。

（6）预测资金计划、收支。

（7）做好信用控制和信用管理。

（8）管理运营资金。

（9）做好融资管理。

（10）做好内部控制执行与稽核。

（11）做好金融机构关系管理。

（12）建立完善相关制度、流程、表单、工具。

9.4 应收账款的管理

当企业出现应收账款收不回来的情况时如何进行管理,责任在谁,如何催款?

案例解析

2008年,我接手一项催款工作。刚开始的时候,我不懂催款技巧,害怕得罪客户。接连两三次打电话催款,客户都说:"蔡小姐,对账单收到了,现在账上没钱。"我就说:"好。"有一天业务经理问我:"款催回来了吗?"我回答:"客户说现在账上没钱,等有钱了再给我们。"业务经理说:"你想得太简单了,客户有钱也会说没钱。"等第四次催款的时候,我改变了方法,说:"×总,您好!这是我第四次催款了,前面三次您都说没钱,现在应该有钱了吧,再不汇款我就要被经理开除了。"客户说:"好,明天给您打款。"

在实操中,很多企业会出现业务部和财务部对催款互相"扯皮"的现象。财务部说催款是业务部的事情,因为产品是业务部赊销出去的。业务部认为应该由财务部负责催款,要不然要财务部做什么?那么,应收账款的催收责任到底该如何划分呢?

9.4.1 应收账款的第一负责人——销售部

老板在企业经营过程中,从新销售人员入职第一天开始,就要给他们培训公司的应收账款管理制度。例如,业务人员该提供哪些客户信息给财务部备案,如何主动配合应收账款的催收工作。

账款催收工作如下。

(1)收集与反馈客户真实信息。

（2）判断与反馈客户品质。

（3）预测与反馈市场情况。

（4）反馈客户风险信息。

（5）解决影响应收账款确认的各种事项。

9.4.2 应收账款的第二负责人——财务部

公司在应收账款的催收过程中，财务人员要和业务人员打好"配合战"。因为业务人员不能得罪客户，以维持客户和公司的后续合作。此时可以让业务人员"唱红脸"，财务人员"唱白脸"。催收账款时要演好"双簧"，业务与财务一唱一和，轻松愉快地把账款收回来，顺便推销一下公司的新产品。财务人员该如何配合业务人员催款呢？

（1）处理账务与对账。

（2）分析账务与提示风险。

（3）发起保护性手段。

（4）定期拜访客户。

（5）做好超期应收账款客户拜访和协商工作。

（6）推动应收流程。

9.4.3 应收账款管理十大步骤

目前，很多企业都存在应收账款。应收账款实质是对客户的投资、无息贷款。很多企业迫切地想把营业额做大，一手交钱、一手交货可能会损失部分客户，因此企业负责人允许客户赊销1～2周或1～2个月。用赊销的方法可以吸引部分客户，尤其是资金紧缺的客户，从而扩大营业收入。随着企业的规模越来越大，业务员开始赊销，如何监管，如何催收，如何建立应收账款的管理体系？具体可以采取以下措施。

（1）建立信用管理制度。

（2）建立客户审查、授信机制。

（3）建立应收账款记录。

（4）控制发票的质量。

（5）做好货到日查询和货物满意度查询。

（6）做好客户往来对账。

（7）提醒客户付款到期日。

（8）进行到期日催收。

（9）报告到期未付款情况。

（10）管理逾期应收账款。

9.4.4 催收应收账款的五大技巧

催收应收账款是很容易得罪人的事情。以前我在企业工作的时候，经常看到业务部和财务部因为谁去催收应收账款闹得面红耳赤。老板也没有办法，生意要做，难免会有部分老客户赊账。在催收应收账款的时候，如果使用一些技巧会加快回款的速度。催收应收账款的技巧如下。

（1）区分客户性质，催收"量体裁衣"。

（2）调整心态，坚定催收信心。

（3）做好欠款的风险等级评估。

（4）做好催收全面策划。

（5）先礼后兵，以德服人。

9.4.5 追款"三部曲"

追款的过程既考验人的智商又考验人的情商。逼得太紧，很容易得罪客户；一直不催收，资金回笼又是个大问题，容易导致资金链断裂。如何高情商催收呢？请看追款"三部曲"。

（1）联系：进行电话联系沟通，分析债务和拖款征兆。

（2）信函：给出期限，实地考察，保持压力，确定追付方式。

（3）走访：进行资信调查，确定合适的催讨方式。

9.4.6 对拖欠款项的处理

在实操中，往往财务人员和业务人员电话打了，对账单发了，核对账单也签名回传了，但客户还是拖着不付款，怎么办？

（1）检查文件：检查被拖欠款项的销售文件是否备齐。

（2）收集资料：要求客户提供拖欠款的事由，并收集资料以证明其真实性。

（3）追讨文件：建立账款催收预案，发催收通知书、催款函、警告、律师函等。

（4）最后期限：让客户了解最后的付款期限及后果。

（5）寻求协助：使用法律手段维护自己的利益，进行仲裁或诉讼。

9.5 如何做好资金管理

中小微企业普遍存在公私不分的问题。老板没钱了，就让财务给老板的私人账户转账。公司账上没钱了，老板再从私人账户转账到公司账户。更有甚者，直接用老板的私人账户收款、发放工资、给供应商汇款。企业如何做好资金管理呢？

9.5.1 资金安全管理六大原则

钱是企业老板最关心的问题，一旦现金流断裂，企业将面临倒闭的风险。我刚到广州工作的时候，老板说："你这个岗位很重要，是公司的最后一道防线。只要你这里还有钱，哪怕其他环节出了问题都不怕，咱们还可以东山再起。"当时，我刚走出校门，不太理解老板的意思，就按照老板说的做，每天加班到晚上10点，把当天的报表做完，把资金日报表发给老板。等我进入财务部管理层后，才明白老板那些话背后的深意。

资金安全管理涉及收支两条线，两条线之间界限分明。属于公司的货款，应全部打到公司对公账户。如果需要付款给供应商或发放工资，应统一走公司对公账户，做到"钱出一孔"。如果公司有分店，分店可领取备用金，用来维持日常周转。分店不得保存大量现金，如有大量现金，应于收到当晚存到对公账户。图9-3所示为资金安全管理六大原则。

图9-3 资金安全管理六大原则

案例解析

广州××电器有限公司在广州有十几家分店，店长负责大客户佣金，佣金可以从分店直接领取。某分店有一名收银员，模仿财务部负责人、店长和客户的签名，一年时间内从分店领取10万元佣金。这件事是怎么查出来的呢？有一天大客户来找业务经理拿佣金，业务经理问财务部的人："××客户还有多少佣金没有返还？"财务部的人说："这个客户的佣金早拿完了，都有签名的。"业务经理说："客户说没有拿。"然后，财务部开始查原始单据，最后查出来是某分店的收银员动了手脚。从那以后，公司更改了佣金领取制度，佣金全部由总部财务部统一负责支付。

9.5.2 资金安全管理制度

佛山某销售红木家具的老板给我打电话问:"蔡老师,你能告诉我新成立的企业如何做好资金安全管理吗?企业常用的管理制度有哪些,如何防止员工贪污,印章和发票应如何管理?"图9-4所示为资金安全管理制度。

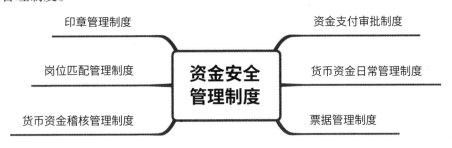

图9-4 资金安全管理制度

案例解析

广州××有限公司的业务经理是老板的弟弟,出去收完货款回来还没交给财务时,刚好有个大客户来了,业务经理就拿着这笔钱出去请客了。第二天去财务部交款的时候,财务人员说:"钱数不对,怎么少了5000元?"业务经理说:"昨天来了个大客户,请客吃饭用了。发票在这里,顺便一起报销了吧。"类似的情况在中小微企业很常见,尤其是家族企业。后来财务人员去找老板商量:"事情不能这么做。如果请客户吃饭,可以向公司借钱,但货款要先交给财务部。"财务人员要想改变家族企业的财务制度,难度非常高,即便有好的财务制度,也很难落地。

如果出纳审核过于严格,就会影响他人的利益;如果出纳不严格审核,就会使公司出现贪污舞弊的现象。出纳是一个很考验人的岗位。我有一个做会计的前同事,只要有业务人员来报销,她就会签字,财务经理也会签字，但到我这里就卡住了。为什么呢？因为不符合报销规定。最后，营销部的人都很讨厌我，因为我拒绝不合理的报销，尤其是弄虚作假的报销。我印象最深的是一个大区业务总监，带着财务部经理和几个人出去吃饭，消费1800元，把发票拿回来报销，报销理由为请财务部、人事部、采购部吃饭，但其实我们并没有参加。我就以弄虚作假为由，拒绝报销。最后，事情闹到老板那里，老板自掏腰包出了1800元请了客。从此以后，大区业务总监经常给我"穿小鞋"。

一套完善的财务制度，需要整个财务部的人员坚守，而不是一味地做人情，糊弄老板。会计签字，出纳不报销，把所有的矛头都指向出纳，这是不合理的管理方法。

9.5.3 资金安全管理报表

经常有初创企业的老板和我说："蔡老师，给我几张管理钱的报表吧。"这里我给大家整理几个常用的报表，方便大家使用。表9-1至表9-8分别为资金日报表、现金盘点表、银行存款余额调节表、银行账户开户申请审批表、银行账户销户申请审批表、四周滚动付款预测审批表、应付账款报表、应收账款报表。

表9-1 资金日报表

编制单位：　　　　　日期　　年　月　日　　　　　　单位：万元

项目	行次	期初余额	本日收款	本日付款	本日结存
一、库存现金					
二、银行存款					
××银行账户					
××银行账户					
××银行账户					
……					
三、其他货币资金					
外埠存款					
银行本票存款					

续表

项目	行次	期初余额	本日收款	本日付款	本日结存
银行汇票存款					
信用卡存款					
信用证保证金存款					
存出投资款					
四、银行承兑汇票					
合计：					

单位负责人：　　　　　　财务负责人：　　　　　　制表人：

表9-2 现金盘点表

编制单位：　　　　　　　　　　　　　　　日期：　年　月　日

现金清点情况			账目核对		
面额	张数	金额	项目	金额	说明
100元			盘点日账户余额		
50元			加：收款未入账		
20元			加：未填凭证收款单据		
10元			加：		
5元			减：付款未入账		
1元			减：未填凭证付款单据		
5角			减：		
1角			调整后现金余额		
5分			实点现金		
1分			长款		
合计			短款		

差异分析：

盘点人：　　　　　　监盘人：　　　　　　复核：

表 9-3 银行存款余额调节表

编制单位： 日期： 年 月 日

户名					账户类型							
开户银行					账号							
单位余额		截至：	年月日		银行余额			截至：	年月日			
银行未达账项					单位未达账项							
银行已收、单位未收				银行已付、单位未付				单位已收、银行未收				单位已付、银行未付			

序号	日期	金额	备注	序号	日期	金额	备注	序号	日期	金额	备注	序号	日期	金额	备注
1				1				1				1			
2				2				2				2			
3				3				3				3			
4				4				4				4			
5				5				5				5			
6				6				6				6			
7				7				7				7			
8				8				8				8			
小计				小计				小计				小计			
调节后余额								调节后余额							
编制人：								审核人：							
日期：								日期：							

表 9-4 银行账户开户申请审批表

编制单位： 日期： 年 月 日

开户名称	
开户银行	
账户性质	
账户用途	

申请人		财务经理	
财务中心审批意见		总经理审批意见	

表 9-5 银行账户销户申请审批表

编制单位：　　　　　　　　　　　　　　日期：　　年　月　日

拟销账户名称			
拟销账户账号			
开户银行			
此账户性质			
此账户原用途			
销户原因			
申请人		财务经理意见	
财务中心审批意见		总经理审批意见	

表 9-6 四周滚动付款预测审批表

编制单位：　　　　　　　日期：　　年　月　日　　　　单位：万元

行次	项目	期初余额	本月				
			第1周	第2周	第3周	第4周	本月合计
1	现金流入——产品						
2	现金流入——售后服务						
3	现金流入小计						
4	现金流出——原材料						
5	现金流出——职工薪酬						
6	现金流出——租金水电费用						
7	现金流出——其他费用						
8	现金流出小计						
9	经营净现金流总计						
10	固定资产投资						
11	股权融资						
12	银行贷款						
13	投融资现金流总计						
14	企业账面资金预计余额						

单位负责人：　　　　　　财务负责人：　　　　　　制表人：

表 9-7 应付账款报表

编制单位：　　　　　　　　日期：　　年　月　日　　　　　单位：万元

序号	客户名称	合同编号	本月				本年累计			
			月初余额	本月增加	本月支付	月末余额	年初余额	本年增加	本年支付	期末余额

单位负责人：　　　　　　财务负责人：　　　　　　制表人：

表 9-8 应收账款报表

编制单位：　　　　　　　　日期：　　年　月　日　　　　　单位：万元

序号	客户名称	内容摘要	期末余额	账期（未到期）				账期（超期）				备注
				0~30天	31~60天	61~90天	$X>$90天	0~30天	31~60天	61~90天	$X>$90天	

单位负责人：　　　　　　财务负责人：　　　　　　制表人：

案例解析

广州××有限公司的出纳是老板的表妹，因为是自己人，老板比较放心，也就没有盘点过现金。久而久之，出纳动了邪念，开始拿公司的钱炒股，一开始是几千元，慢慢地是几万元，再后来是几十万元。有一天，老板着急给供应商打款，却发现账上没钱了。再三追问之下，得知出纳拿钱炒股亏了。老板气得直拍自己的脑袋，但是为时已晚。后来，老板换了一个出纳，每天上报资金日报表，经常进行突击性盘点。

9.6 如何规范使用库存现金

库存现金是指存放于企业财会部门，由出纳人员经管的资金。库存现金是企业流动性最强的资产，企业应当严格遵守国家有关现金管理制度，正确进行现金收支核算，监督现金使用的合法性与合理性。

根据国务院发布的《现金管理暂行条例》，企业现金管理制度主要包括以下内容。

9.6.1 现金的使用范围

企业可用现金支付的款项如下。

（1）职工工资、津贴。

（2）个人劳务报酬。

（3）根据国家规定颁发给个人的科学技术、文化艺术、体育比赛等各种奖金。

（4）各种劳保、福利费用及国家规定的对个人的其他支出。

（5）向个人收购农副产品和其他物资的价款。

（6）出差人员必须随身携带的差旅费。

（7）结算起点（1000元）以下的零星支出。

（8）中国人民银行确定需要支付现金的其他支出。

9.6.2 现金的限额

现金的限额是指为了保证单位日常零星开支的需要，允许单位留存现金的最高数额。这一限额由开户银行根据单位的实际需要核定，一般按照单位 3～5 天日常零星开支所需确定。边远地区和交通不便地区的开户单位的库存现金限额，可按多于 5 天，但不得超过 15 天的日常零星开支的需要确定。经核定的库存现金限额，开户单位必须严格遵守。需要增加或减少库存现金限额的，应当向开户银行提出申请，由开户银行核定。

9.6.3 现金收支的规定

开户单位现金收支应当依照下列规定办理。

（1）开户单位现金收入应当于当日送存开户银行，当日送存确有困难的，由开户银行确定送存时间。

（2）开户单位支付现金，可以从本单位库存现金限额中支付或从开户银行提取，不得从本单位的现金收入中直接支付（即坐支）。因特殊情况需要坐支现金的，应当事先报经开户银行审查批准，由开户银行核定坐支范围和限额。坐支单位应当定期向开户银行报送坐支金额和使用情况。

（3）开户单位从开户银行提取现金时，应当写明用途，由本单位财会部门负责人签字盖章，经开户银行审核后，予以支付。

（4）因采购地点不固定、交通不便、生产或市场急需、抢险救灾及其他特殊情况必须使用现金的，开户单位应向开户银行提出申请，由本单位财会部门负责人签字盖章，经开户银行审核后，予以支付现金。

第10章 税税平安——税系统

中小企业是国家经济发展的重要力量,也是国家财政收入的重要来源。国家职能的实现,必须以社会各界缴纳的税收为物质基础。依法纳税,主动承担社会责任,是每一家企业应尽的义务。

简税制、宽税基、低税率、严征管是新一轮税收制度改革的基本原则。

很多老板都不清楚成立一家公司要缴纳哪些税。久而久之,税也就成了中小微民企老板最头疼的问题。为了更好、更安全地经营企业,老板应当具备最基本的税务常识及企业税务管理系统建设能力。本章将给大家介绍税务基本常识、交好税的标准、企业常见的税务问题及如何设计顶层股权架构节税方案。

10.1 税法常识

经常有客户问我："蔡老师，金税三期和金税四期分别是什么？哪一个阶段对企业数据监管得更严格？"本节将介绍金税三期和金税四期相关的常识。如果您的企业没有经历过金税三期阶段，那么金税四期更加要未雨绸缪。金税四期比金税三期更严格，监管的范围更广。

10.1.1 什么是金税三期

金税工程，作为经国务院批准的国家级电子政务工程，是国家电子政务"十二金"工程之一，在我国经济社会生活中发挥着举足轻重的战略作用。

金税工程由一个网络、四个子系统构成。一个网络是指覆盖全国国税系统的，区县局、地市局、省局到国家税务总局的四级广域网络；四个子系统包括防伪税控开票系统、防伪税控认证系统、计算机稽核系统和发票协查系统。

1994年，金税一期工程开始在全国部分城市试点。2000年8月，国家税务总局向国务院汇报金税二期建设方案并得到批准，推动金税二期工程加快建设步伐。

自2001年1月1日起，金税二期四个子系统在辽宁、江苏、浙江、山东、广东和北京、天津、上海、重庆"五省四市"开通运行。2001年7月1日，四个子系统在其他省、区开通运行，国家税务总局到省、市、县税务局的四级网络全部联通，金税工程覆盖全国所有省、市、县。

自2016年5月1日起，中国全面实施营改增试点，意味着增值税实现了对我国所有企业经济活动的覆盖。

2016年10月，金税三期在全国各地的税务机关全面上线。金税三期的全面上线，对我国税收征管工作有着里程碑式的意义。它是一项全面的税收管理信息系统工程，依托大数据和云计算等新技术手段，通过互联网，实现了税务部门同工商、公安、社保、质检、统计、银行等其他部门的信息共享。金税三期致力搭建"一个平台、两级处理、三个覆盖、四个系统"。

"一个平台"是指包含网络硬件和基础软件的统一的技术基础平台。

"两级处理"是指依托统一的技术基础平台，逐步实现税务系统数据信息在国家税务总局和省级税务局的集中处理。

"三个覆盖"是指应用内容逐步覆盖所有税种，覆盖税收工作的主要环节，覆盖各级国地税机关，并且与相关部门联网。

"四个系统"是指通过业务重组、优化和规范，逐步形成一个以征管业务系统为主，包括行政管理、外部信息和决策支持在内的四个应用系统。

金税三期工程功能强大、内容完备、流程合理、运行通畅，统一了全国的税收征管和税务系统软件，避免了各地各自为政，使税务机关对纳税人的全面监控进入了一个全新的时代，同时将纳税人几乎所有的经营行为纳入税务机关的监控范围。

一是企业的日常经营事项都会在金税三期的监控中留下记录，金税三期工程能够追踪到企业的资金流、票据流。

二是输入企业纳税人识别号，金税三期的大数据即可追查到该识别号下的进项发票和销项发票，以及是否购入了假发票等。

三是税务、工商、社保、统计、银行等各个部门实现信息共享后，企业的个税、社保、公积金、残保金、银行账户等，将会在税务系统里面一览无余，违规操作而不被察觉的可能性几乎为零。

因此，企业的违规操作在金税三期面前将无所遁形，涉税风险将大大提升。

金税三期系统通常从以下六个方面对企业进行风险预判。

（1）收入。

金税三期大数据通过对比成本和费用，对比企业开出的发票、收到的货款和发出的货品情况，或者查询关联交易方的相关账务数据，来判断企业是否隐匿了销售收入。

（2）成本费用。

中小微民营企业常出现的以下三种情况，会被判定为异常。

- 企业购入原材料或商品采用暂估入库的方式。
- 企业为了压低原材料和商品进价，而不索要发票。
- 计提了费用，但却没有费用发票。

（3）库存。

企业库存包括原材料、半成品和成品库存。通常，企业的库存量会在一个相对稳定的范围内呈周期性波动。

因此，如果企业只有销售数据，而缺乏对应的产品购入数据，那么金税三期大数据就会预判企业库存处于递减状态，并形成电子对账单同企业的库存进行比对，以发现问题。

同理，如果企业只有购入数据，而缺乏对应的销售数据，金税三期大数据就会预判企业库存处于递增状态，并会形成电子对账单来对比企业库存，从而发现其中的异常。

（4）银行账户。

中小微民营企业卖出货物且收到了货款，但却没有入账；或者企业虚开发票，账户中的资金并没有相应地减少。这些情况在金税三期上线以前是很难识别的，而金税三期阶段税务机关能很容易地识别企业银行账户中的上述异常信息。

（5）利润。

部分企业为了偷税少报利润，企业内账中的实际利润同外账中企业所得税申报表中的利润数额通常不一致。针对这种情况，金税三期上线后，通过企业的收入信息和成本信息，计算实际利润，从而将企业隐匿的利润挖出来。

（6）应纳税额。

企业的增值税额与企业毛利不匹配；企业的期末存货与留底税金不

匹配；企业实收资本增资了，而印花税却为零；企业增值税额偏低；企业所得税长期偏低。针对这些情况，金税三期通过比对企业的收入、成本、利润、库存、资产、税务数据、往期税收数据等，就能发现企业应纳税额的异常。

10.1.2 什么是金税四期

目前，金税四期建设的顶层设计已完成，是国家推行的金税工程计划中的第四期，是金税三期的升级版。

金税三期是在"以票控税"的指导思想下，覆盖国家和地方所有税种，覆盖税收工作的主要环节的全国税收信息系统。金税四期在金税三期的基础上纳入了"非税"业务，实现对业务更全面的监控，再加上各部委、中国人民银行及其他银行等参与机构之间信息共享和核查的通道，实现企业相关人员手机号码、企业纳税状态、企业登记注册信息核查三大功能。

金税四期的推进将会使现代化税收征管系统更加强大，实现"税费"全数据、全业务、全流程的"云化"打通，为智能办税、智慧监管提供条件和基础。简而言之，企业数据信息的透明化程度更深，监控更全面，同样也意味着税务稽查将会更严、更精准、更全方位。

金税四期上线后，对资金的监控将会更为严格，私户避税的路子将彻底行不通，特别是个人银行卡交易、微信和支付宝转账模式。

金税四期智慧税务建设将推动税收征管方式从"收税"到"报税"再到"算税"，税收征管流程从"上机"到"上网"再到"上云"，税收征管效能从"经验管税"到"以票管税"再到"以数治税"。

10.1.3 金税四期重点稽查事项

金税四期重点稽查事项如下。

（1）企业发票问题。

国家税务总局在税务稽查中，非常重视发票的"三查"问题，即"查税必查票""查账必查票""查案必查票"。这就要求企业在开具发票时要格外注意"三流一致"，即资金流、发票流、合同流；有的企业会加上货物流，也就是"四流一致"。

这也提醒企业一定要做好库存管理，统计好进货、销货、存货量，定期盘点库存，做好账实差异分析表，尽量避免库存账实不一致。

同时要注意，虚构成本与虚开发票，除缴纳罚款和补缴税款外，企业相关当事人触及红线的还要负刑事责任。

（2）税负率异常。

在金税三期下，企业的账目资金受到更加严格的监管，无论是税负率过高还是过低都有被税务局约谈和稽查的风险。

虽然企业的税负率可能受到多种因素影响，但是一般情况下税负率在一定时期内的波动不会很大。

在金税四期下，每个行业的增值税、所得税的税负水平及变化在当地税务系统中被详细记录，税务机关会更加关注企业的税负率浮动情况，并针对企业的纳税情况进行评估，调查企业税负率出现波动的原因。

（3）企业社保缴纳问题。

自2020年11月1日开始，多地相继实施"社保入税"，在各部门大数据联网的情况下，企业的一举一动都被纳入了监管系统。

随着金税四期的上线，无论是税务还是工商、社保等非税业务都将实现联网，数据统一，试用期不入社保、社保挂靠或代缴社保等行为都难以操作。

（4）虚假开户企业。

随着企业信息联网核查系统的上线及即将到来的金税四期，银行、非银行支付机构等参与机构可以核实企业相关人员手机实名信息、企业纳税状态、企业登记注册信息等重要信息，从多维度核查企业的经营状况，识别企业是否有开户资格。

（5）企业的利润。

核查企业报送的资产负债表与利润表勾稽关系是否有出入；利润表中的利润总额与企业所得税申报表中的利润总额是否有出入；企业是否常年亏损，却屹立不倒；在同行业中的利润是否偏低等。

（6）私户收款。

金税四期阶段将严查个人银行卡。个人账户流水金额达到多少会被监管？简单地说，以下三种情况，会被重点监管：一是任何账户的现金交易金额超过5万元；二是公户转账金额超过200万元；三是私户转账金额超过20万元（境外）或50万元（境内）。

中国人民银行已于2020年发布《关于大额现金管理试点的通知》，首先在河北、浙江、深圳开展试点，试点为期两年。

《金融机构客户尽职调查和客户身份资料及交易记录保存管理办法》已经2021年10月29日中国人民银行2021年第10次行务会议审议通过和银保监会、证监会审签，现予发布，自2022年3月1日起施行。

其中第九条规定，开发性金融机构、政策性银行、商业银行、农村合作银行、农村信用合作社、村镇银行等金融机构和从事汇兑业务的机构在办理以下业务时，应当开展客户尽职调查，并登记客户身份基本信息，留存客户有效身份证件或者其他身份证明文件的复印件或者影印件：

① 以开立账户或者通过其他协议约定等方式与客户建立业务关系的；

② 为不在本机构开立账户的客户提供现金汇款、现钞兑换、票据兑付、实物贵金属买卖、销售各类金融产品等一次性交易且交易金额单笔人民币5万元以上或者外币等值1万美元以上的。

第十条规定，商业银行、农村合作银行、农村信用合作社、村镇银行等金融机构为自然人客户办理人民币单笔5万元以上或者外币等值1万美元以上现金存取业务的，应当识别并核实客户身份，了解并登记资金的来源或者用途。

现在许多企业存在公私不分的问题，使用私人银行账号隐藏公司的真实收入。一旦情况被查属实，企业不仅要补缴税款，还要缴纳滞纳金和行政罚款，甚至还会构成犯罪，承担刑事责任。

（7）库存与账实不符。

发票开具实行全部票面信息上传，除发票抬头、金额，发票开具的商品名称、数量、单价都会被监管。也就是说，公司的进销存都是透明的。只要企业开具的发票有异常，税务局马上就能知道。出现问题比较多的企业，税务局会实地盘查，一旦查出问题，就是涉嫌偷税漏税。

案例解析

广州××服饰有限公司的主要业务是生产牛仔裤。该公司的客户多是个体户老板，不需要开具发票。个体户不要发票，导致公司的进项发票很多，销项发票很少。经过大数据对比分析，税务人员发现了异常，于是上门稽查。税务人员第一次上门稽查的时候，看到仓库中摆放着很多箱子。当时，这家企业的老板解释说箱子里是产成品，还没有卖出去。实际上，该公司的老板提前借了附近公司的产成品，拉到仓库当作自己的产成品。这些库存产品中还掺杂了空箱子充数量。这一次老板侥幸蒙混过关。

老板以为税务局检查完后，不会再回来了，于是就把借来的产成品还给了附近公司，并清理了空箱子。最后，仓库只剩下几十个箱子。没想到税务人员杀了个回马枪，第二天又来了，要求再看仓库。老板再三阻拦，税务人员发现老板的神情不对劲，坚持要查库存，结果发现前一天看到的大部分箱子都没了，仓库只剩下几十个箱子。最后，老板只得按照发出的商品库存数补交了税款。

经营企业要务实，企业有权享受国家的各项优惠政策，同时，也要承担纳税的义务。合法经营，依法纳税，才能让您的企业经营得更长久，同时让您的企业在同行中保持绝对的优势。因为公司的财务规范了，同样的采购价格和质量，哪家企业开发票，客户就会从哪家企业采购产品。商场没有感情，只有价值最大化。

（8）税收洼地。

实践中，各地为了吸引企业落户或对特定产业进行引导与激励，竞相出台地方性的税收优惠政策，导致出现了一些"税收洼地"。但是这并不代表国家会视而不见，更不代表国家会放任自流、任其发展。因此，企业在经营中应走好每一步，且行且珍惜。"税收洼地"不是不能用，而是不能"滥用"。如果企业要利用"税收洼地"，一定要存在真实的业务链条。

案例解析

有些老板问我："蔡老师，'税收洼地'可以用吗？"我说："你要保证有真实的业务链条，有办公场地、办公人员、合同流、发票流、资金流、发货单，业务是真实发生的才可以用。这几年，很多企业利用'税收洼地'注册咨询公司，虚构业务链条，虚开发票金额达几千万元，被税务局稽查后补缴全部税款并罚款。任何业务的发生，都不能违背真实性的原则。"

（9）内外账数据不一致。

会计人员做账要建立在真实业务的基础上，一定要反映业务的来龙去脉，无中生有的账务处理和税务处理必将给自己带来巨大风险。企业更是要如实进行业务交易，回归业务的商业本质。

如果企业合规经营，有完善的财务系统，依法纳税，不管金税三期或金税四期带来的影响有多强大，都不必担心，继续学习新的税收政策，查漏补缺即可。

如果企业隐瞒收入，偷税漏税，缺乏完善的财务系统，财税管理存在一些漏洞，则应抓紧时间查漏补缺，搭建完善的财务系统，合理规避财税风险，依法纳税。

第一，要加强人员培训，提高企业的财税管理水平。包括老板在内的相关人员，要认真学习、研究金税四期的相关政策，做到与时俱进，提高企业的财税管理水平和综合处理能力。

第二，要建立完善的内控制度和内控流程。结合金税四期相关政策，建立完善的财税管理内部制度和流程，使相关员工在处理财务、税务问题时有章可依，在出现问题时能够通过规范的内控流程及时发现，并做好应急处理，最大限度降低企业的财税风险。

10.1.4 主要的企业税法体系

注册一家公司，要缴哪些税？最常见的税种是增值税、个人所得税、企业所得税。企业的性质不同，所缴纳的税种也不同。目前，企业需要缴纳的主要税费分为七大类，共二十多种。图10-1所示为主要的企业税法体系。

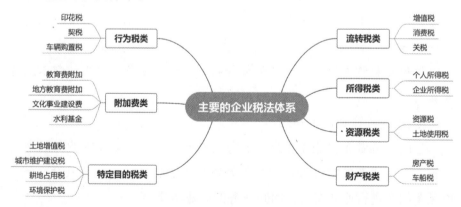

图10-1 特定目的税类

10.1.5 税收违法行为及法律责任

税收违法行为及法律责任分为两种：一种是税收行政法律责任，另一种是税收刑事法律责任，如图 10-2 所示。

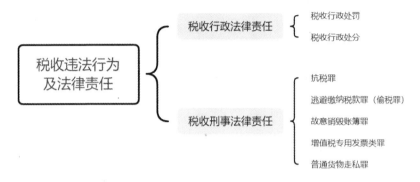

图 10-2 税收违法行为及法律责任

10.1.6 税收违法行为的种类

刚成立的企业，通常由于缺乏系统的财税知识，对账簿、发票管理不善，有时甚至忘记申报各类税费，接到税务局的罚款通知书了还不知道是怎么回事。图 10-3 所示为税收违法行为的种类。

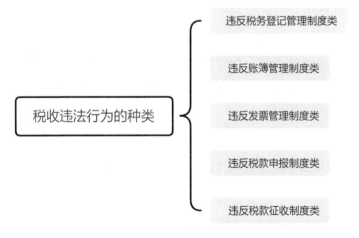

图 10-3 税收违法行为的种类

10.1.7 税收违法行政责任处罚措施

有客户问我:"蔡老师,我们接到了税务局的罚款通知。一般税务局要罚我们多少钱呢?"图10-4所示为税收违法行政责任处罚措施。

图10-4 税收违法行政责任处罚措施

企业需要按时向税务机关纳税申报。逾期申报的,会产生罚款和滞纳金。例如,逾期申报个税的,税务局会给出一份税务行政处罚事项告知书,一般罚款2000元,滞纳金另行计算。

根据《中华人民共和国税收征收管理法》第六十二条,纳税人未按照规定的期限办理纳税申报和报送纳税资料的,或者扣缴义务人未按照规定的期限向税务机关报送代扣代缴、代收代缴税款报告表和有关资料的,由税务机关责令限期改正,可以处二千元以下的罚款;情节严重的,可以处二千元以上一万元以下的罚款。

根据《中华人民共和国税收征收管理法》第三十二条,纳税人未按照规定期限缴纳税款的,扣缴义务人未按照规定期限解缴税款的,税务机关除责令限期缴纳外,从滞纳税款之日起,按日加收滞纳税款万分之五的滞纳金。

10.1.8 税收刑事法律责任

企业买卖发票,偷逃税款,有什么严重的后果,会不会触犯刑法?税收刑事法律责任包括抗税罪、逃避缴纳税款罪(偷税罪)、故意销毁账簿罪、增值税专用发票类罪、普通货物走私罪。

（1）抗税罪。

根据《中华人民共和国刑法》第二百零二条，以暴力、威胁方法拒不缴纳税款的，处三年以下有期徒刑或者拘役，并处拒缴税款一倍以上五倍以下的罚金；严重情节的，处三年以上七年以下有期徒刑，并处拒缴税款一倍以上五倍以下罚金。

（2）逃避缴纳税款罪（偷税罪）。

根据《中华人民共和国刑法》第二百零一条，纳税人采取欺骗、隐瞒手段进行虚假纳税申报或者不申报，逃避缴纳税款数额较大并且占应纳税额百分之十以上的，处三年以下有期徒刑或者拘役，并处罚金；数额巨大并且占应纳税额百分之三十以上的，处三年以上七年以下有期徒刑，并处罚金。

如果同时满足以下三个条件，对于偷税罪可以免于刑事处罚。

① 税务机关依法下达追缴通知后，主动补缴应纳税款、缴纳滞纳金及罚款。

② 五年内未因逃避缴纳税款受过刑事处罚。

③ 五年内被税务机关给予两次以下行政处罚。

（3）故意销毁账簿罪。

根据《中华人民共和国刑法》第一百六十二条，隐匿或者故意销毁依法应当保存的会计凭证、会计账簿、财务会计报告，情节严重的，处五年以下有期徒刑或者拘役，并处或者单处二万元以上二十万元以下罚金。

（4）增值税专用发票类罪。

根据《中华人民共和国刑法》第二百零五条，虚开增值税专用发票或者虚开用于骗取出口退税、抵扣税款的其他发票的，处三年以下有期徒刑或者拘役，并处二万元以上二十万元以下罚金；虚开的税款数额较大或者有其他严重情节的，处三年以上十年以下有期徒刑，并处五万元以上五十万元以下罚金；虚开的税款数额巨大或者有其他特别严重情节的，处十年以上有期徒刑或者无期徒刑，并处五万元以上五十万元以下罚金或者没收财产。

单位犯本条规定之罪的,对单位判处罚金,并对其直接负责的主管人员和其他直接责任人员,处三年以下有期徒刑或者拘役;虚开的税款数额较大或者有其他严重情节的,处三年以上十年以下有期徒刑;虚开的税款数额巨大或者有其他特别严重情节的,处十年以上有期徒刑或者无期徒刑。

虚开增值税专用发票或者虚开用于骗取出口退税、抵扣税款的其他发票,是指有为他人虚开、为自己虚开、让他人为自己虚开、介绍他人虚开行为之一的。

(5)普通货物走私罪。

普通货物走私罪主要涉及的违法实质也是偷逃税款,故普通货物走私罪实质上也属于税收刑事犯罪。

根据《中华人民共和国刑法》第一百五十三条,走私货物、物品偷逃应缴税额较大或者一年内曾因走私被给予二次行政处罚后又走私的,处三年以下有期徒刑或者拘役,并处偷逃应缴税额一倍以上五倍以下罚金。

走私货物、物品偷逃应缴税额巨大或者有其他严重情节的,处三年以上十年以下有期徒刑,并处偷逃应缴税额一倍以上五倍以下罚金。

走私货物、物品偷逃应缴税额特别巨大或者有其他特别严重情节的,处十年以上有期徒刑或者无期徒刑,并处偷逃应缴税额一倍以上五倍以下罚金或者没收财产。

案例一:按照45%补缴税款

2021年,做微商生意的××先生建立了很多微信群,经常用个人微信收款到私人账户。假设收款8000万元,税务局直接按照45%补征税款,计算一下要补交多少税款?(前提是首次偷税漏税,之前无行政处罚和刑事处罚。)

8000×45%=3600万元。

如果罚款按照税款的0.5倍计算,应交多少罚款?

3600×0.5=1800万元。

按日加收滞纳税款万分之五的滞纳金,此处暂不计算。

案例二:企业内外两套账被查

2022年7月,××市税务局第×稽查局查处了一家内外"两套账"的公司。税务局对该公司2010年7月1日至2020年2月20日的涉税情况进行检查。检查依据为该公司法人代表××整理的××县××有限公司的内账,即《现金收支明细》《××砖厂月报表》,对应年度的申报表及相关人员的笔录。经检查,税务局发现该公司2012—2018年通过隐瞒收入、账外经营,合计未申报不含税销售收入65061972.38元。根据《中华人民共和国税收征收管理法》第六十三条、《××省税务行政处罚裁量权基准》,该公司被处偷税数额1倍罚款,共计2860575.49元。

这给企业和财务人员提了一个醒:账面是税务稽查的重点对象之一,通过"两套账"偷逃税,一旦被发现,必将重罚。

那么,"两套账"的行为究竟有哪些风险?

(1)会计人员可能面临的风险。

会计人员可能面临被罚款的风险。根据《中华人民共和国会计法》第四十二条,私设会计账簿的,对直接负责的主管人员和其他直接责任人员,可以处二千元以上二万元以下的罚款。

根据《中华人民共和国会计法》第四十三条,伪造、变造会计凭证、会计账簿,编制虚假财务会计报告,构成犯罪的,依法追究刑事责任;尚不构成犯罪的,对其直接负责的主管人员和其他直接责任人员,可以处三千元以上五万元以下的罚款。

（2）公司可能面临的风险。

一是账外经营、隐匿收入构成偷税的，由税务机关追缴其不缴或者少缴的税款、滞纳金，并处不缴或者少缴的税款百分之五十以上五倍以下的罚款；构成犯罪的，依法追究刑事责任。

纳税人伪造、变造、隐匿、擅自销毁账簿、记账凭证，或者在账簿上多列支出或者不列、少列收入，或者经税务机关通知申报而拒不申报或者进行虚假的纳税申报，不缴或者少缴应纳税款的，是偷税。

二是涉嫌伪造、变造会计凭证、会计账簿，编制虚假财务会计报告，对单位并处五千元以上十万元以下的罚款；构成犯罪的，依法追究刑事责任。

三是私设会计账簿的，对单位并处三千元以上五万元以下的罚款；构成犯罪的，依法追究刑事责任。

四是纳税人采取欺骗、隐瞒手段进行虚假纳税申报或者不申报，逃避缴纳税款数额较大并且占应纳税额百分之十以上的，构成逃税罪。根据《中华人民共和国刑法》第二百零一条，处三年以下有期徒刑或者拘役，并处罚金；数额巨大并且占应纳税额百分之三十以上的，处三年以上七年以下有期徒刑，并处罚金。

金税四期以数治税，各位企业老板应尽快进行财税合规建设，越早实现税务合规，给企业带来的好处越大。那些依然抱着侥幸心理的企业老板，一定要重视财税合规化问题。税收是国家财政收入的重要组成部分，是纳税企业最基本的社会责任。税务合规是企业合法经营的前提与基础，只有做到税务合规，企业才能做大做强。

10.2 交好税的标准

税是中小民营企业老板最头疼的问题。老板不知道应该在哪里找最新的税收优惠政策,最多就是看看新闻,了解一下国家又出台了什么新政策,具体到如何落实应用就更加不知道了。老板遇到这种问题,应该如何解决?

交好税的标准是交税少、风险小,具体应该通过以下工作来实现。

(1)税款计算与复核、税金类科目管理。

(2)税务备案。

(3)纳税申报表填报与申报。

(4)税法搜集与应用。

(5)纳税分析与评估。

(6)税务风险控制。

(7)税务规划。

(8)协调应对税务检查与税务审计。

(9)纳税争议的协调与解决。

(10)发票领购、保管与复核。

(11)税务关系管理。

(12)税务档案。

(13)建立、完善相关的制度、流程、工具、表单。企业上缴税费表如表10-1所示。

表10-1 企业上缴税费表

编制单位: 年 月 日 单位:万元

行次	税种	××××年度													××××年度						
		1月	2月	3月	4月	5月	6月	7月	8月	9月	10月	11月	12月	合计	1月	2月	3月	4月	5月	6月	……
1	增值税																				
2	个人所得税																				

续表

编制单位：　　　　　　　　　　　年　月　日　　　　　　　　　单位：万元

行次	税种	××××年度													××××年度						
		1月	2月	3月	4月	5月	6月	7月	8月	9月	10月	11月	12月	合计	1月	2月	3月	4月	5月	6月	……
3	企业所得税																				
4	印花税																				
5	城建税																				
6	房产税																				
7	教育费附加																				
8	文化事业建设费																				
9	地方教育费附加																				
10	合计																				
11	综合税负率																				
12	增值税税负率																				

单位负责人：　　　　　　　　　财务负责人：　　　　　　　　制表人：

10.3　企业常见的税务问题

每个月要缴多少税？为什么又被罚款了？哪一项税忘记缴了？为什么多缴税了？税务局让填写辅导表，怎么填？税务局要来检查了，怎么接待？财务人员不会做税务规划怎么办？

这是很多中小民营企业老板经常问的问题。别的企业之所以会做税务规划、税务接待，是因为学习了相关的知识。企业在做年度培训计划时，也可以为财务部预算一笔培训费用。小投资，大收益，保您"税税平安"。

10.3.1　常见的税务历史遗留问题

以下是常见的税务历史遗留问题。

（1）两套账问题，是指企业内部经营一套账，对外报税一套账。

（2）抽逃注册资金、注册资金过大。抽逃注册资金，是指先出钱注册，等注册后，股东将出资额暗中撤回，却保留股东身份和原有出资数额的一种欺诈性违法行为。

（3）账外资金回流、其他应付款过多。账外资金回流，指的是企业老板用个人账户收钱，等公司缺钱了，再把个人账户的钱转到公司对公账户。

（4）高额佣金问题，即公司大客户的回扣。

（5）买卖发票、虚开增值税专用发票问题。例如，遇到不开发票的供应商，就向别的公司买发票，或者把一些客户不需要的发票卖给别人。

（6）无票支出问题，即有的业务支出没有发票。

（7）不合规票据问题、无票收入问题，如白条收据或卖产品不开发票。

（8）不合理发票报销处理、提前开发票问题。例如，有的发票与公司经营无关。

（9）财政补贴处理问题。财政补贴有的不需要缴税，有的需要缴税。

（10）关于滞留票及税负率控制问题。例如，产品采购只进不出，有进项票没有销项票，不申报纳税等。

（11）收入确认按开票时间确认（收入的确认方法）。

（12）大额应付账款无法支付问题。一般是由购买虚假发票导致的。

（13）账面记录瑕疵问题。例如，写上收某客户多少税点。

（14）存货账实不符问题。一般是由买卖发票、偷税漏税导致的。

（15）公司注销问题。例如，注销时提交的财务报表逻辑对不上。

（16）其他应收账款、其他应付款余额过大。一般是由买卖发票或老板私自转账到私人账户导致的。

（17）过度投资、过度负债、资金链断裂（资金管控问题）。

（18）企业缺钱、资金利用效率低问题，应收账款收不回或库存严重积压等。

（19）老板是否把钱直接从公司账户转到老板的个人私户。

（20）企业分红问题，分红没缴税。

（21）员工或高管的个人所得税未代扣代缴。

（22）加计扣除与加速折旧存在的税务风险。加计扣除与加速折旧是面向高新企业或其他特殊行业的优惠政策。

（23）优惠税率政策利用问题。要关注各地最新政策，利用得当，避免剑走偏锋伤及自身。

（24）"税收洼地"节税利用问题。

（25）社保缴纳基数与实际发放的工资数额存在差异。

（26）金税三期：发票稽查上下游牵连问题，即税务局查供应商、客户的发票，按照业务链条进行追查。

（27）金税四期：公私不分，营业款收到老板个人私户。

（28）融资上市财务不规范，导致高额补税。多数情况是老板个人私户收款，未申报纳税。

各位老板可以根据上述问题进行自查，然后选择相对应的解决方案。如果自己无法解决，可以按照属地原则、就近原则寻找财务顾问或财务咨询师。因为当地财务顾问或财务咨询师更了解当地的税收政策和企业文化，更容易沟通落地。

10.3.2 如何解决历史遗留问题

中小微企业多多少少都存在以上问题，现给大家解析几个最常见的问题。

（1）两套账问题。

两套账：90%的中小微企业报税的账务由代理记账公司完成，真实的经营账由公司内部人员记录。这是通过隐藏收入达到偷税目的的常见做法，也是税务稽查部门的重点稽查对象。在实际业务中，尤其是在产业链的终端，存在大量客户不索取发票的情况，这就为企业做两套账创造了条件。两套账是导致不公平竞争的一个重要原因，其存在具有一定的普遍性，也是构成偷税罪的要件。

两套账存在很大的税务风险，虽然刑法允许在满足一定条件的情况下进行"补救"，但企业仍然需要付出金额巨大的补税、罚款及滞纳金的处罚。

识别企业存在两套账的方法非常简单，甚至根本不需要稽查，税务局人员直接对比内外报表数据，就能看出来。

常见的历史遗留问题主要有以下几个。

① 存货账实不符，出现大量亏库。存货大金额亏库是一个非常难以掩饰和解决的问题。一般情况下，企业存货亏库除了两套账原因，还有购买增值税专票、为了利润（拟上市公司）而少结转成本多缴税两个原因。

② 货币资金账实不符，资金往来混乱。很多企业通过设置秘密账户的方法解决账外收入资金的问题，这一做法为税务稽查部门提供了重要的稽查线索。还有些企业由于账外收入比例偏大，资金流向个人账户（这种情况稽查部门也是可以查到的)，导致账内资金短缺。然而，账外资金频繁以借款形式回流到账内，会留下明显的痕迹。

③ 税负率严重不合理。每一个行业都有一个平均税负率，很多企业不顾客观事实，带着赌博的心态去经营企业账务，留在账内的部分业务由于材料购进包含账外收入部分，导致流转税、所得税税负率异常偏低。

解决思路：规范是企业做大做强的前提，两套账问题属于主观故意行为，要充分评估风险和可能的后果，尽量通过税务规划进行合理安排。同时，企业应根据情况设计方案解决历史遗留问题。如果企业的财务人员能力欠缺，可以请财务顾问或财务咨询师。

（2）高额佣金问题。

高额佣金是很多企业存在的问题，其解决思路如下。

① 改变商业模式：找第三方外包处理，或者将营销进行外包。

② 转型：如果是行业问题，可以换个赛道。

③ 风险转嫁：招代理商。

（3）其他应付账款过大问题。

经常有人问："蔡老师，钱付不出去怎么办？"这类问题的解决思路主要包括以下两点。

① 将无须支付的应付账款计入营业外收入，增加利润，同时使税收增加。

② 对应付账款进行实际支付，但是不允许用现金支付。

（4）库存账实不符问题。

库存账实不符问题在很多中小微企业中存在，表现为对税务局报的报表和企业内部经营报表库存数额差异很大，其解决思路如下。

① 改变两套账处理方式，避免差异与风险越来越大。

② 逐渐消化差异部分。

③ 对不能使用的库存商品进行报废处理，同时将增值税进项税额转出。

④ 如果是"涨库"，将"涨库"的部分另外处理。

⑤ 将企业清算后进行注销。

（5）无票支出问题。

企业经常会出现一些与企业生产经营相关的必要支出，但却没能取得发票，如车辆违章罚款与事故赔款、洗车、修车（如补胎、换小零件）、员工宿舍租金、零星办公用品采购、打印复印支出、开会买早餐、加班用餐、开业庆典赞助等，甚至有一些企业的账上无房产也无房租，生产性企业没有电费支出，原因是房租、电费等没有发票无法记账，用所谓的"自己的资金"进行支付。

前述相关事项属于与企业日常经营有关且实际发生的费用，但由于无法取得合规的发票，不能作为税收成本或费用进行税前列支，也就是不能"抵"企业所得税。很多企业选择将此部分费用在内账进行处理，人为原因造成"两套账"，同时由于企业生产经营过程中的必要支出未在账面上反映，造成账面不符合实际经营逻辑，也将带来不必要的税务风险。

解决思路：账面列支，税前调整。对于企业日常与经营相关的无票支出，可根据有关凭证（如收据等）进行入账处理，资金可以用企业的企业账户直接支付，但在计算企业所得税的税收成本、费用时再将此部分进行纳税调整，即"记账按会计准则记，缴税按税法缴纳"。

10.3.3 如何应对税务稽查

由于存在疑问，一些企业老板被税务局约谈。那么，如何应对税务局约谈？表 10-2 所示为辅导记录表，列出了一些约谈中的问题，大家可以思考一下如何回答这些问题。

表 10-2 辅导记录表

___年___月___日　　　　　　　　　　　　　编号：

纳税人名称		纳税人识别号	
法定代表人姓名		法定代表人电话号码	
财务负责人姓名		财务负责人电话号码	
主问人		记录人	

辅导记录
1. 法定代表人是否参加公司经营活动，主要负责什么事项？
2. 公司的注册地址跟实际地址是否一致？公司从业人员有多少？是否已签订劳动合同？
3. 公司是否与物业签订租赁合同？租赁的办公场所面积有多大？每月租金多少？
4. 公司的主营业务是什么？年营业额大约为多少？
5. 公司主要的进货渠道和销货渠道，是否签订合同或协议？
6. 公司的财务负责人是专职会计还是代理记账公司的会计？如果是专职会计，是否已购买社保？
7. 公司是否存在其他的情况？请详细说明产生该情况的原因。
主问人：　　　　　记录人：

企业人员：

表中的7个问题环环相扣，存在一定的逻辑关系，任何一个环节出现纰漏，都将成为税务局稽查的重点突破口。

第一个问题，税务局主要是看法定代表人是否运营公司，如果是，就应该熟悉业务。下面的几个问题就好回答了。

第二个问题，税务局主要是看公司是否为挂靠地址，有多少人员，是否签订合同，目的是比对个税申报信息。

第三个问题是对第二个问题的验证，如果不是挂靠地址，就应该有租赁合同、面积、租金、发票。

第四个问题，税务局是想了解公司的主要业务、预计年营业收入。

第五个问题是很多企业被协查的主要原因，如果上下游出现了问题，企业将连带受到影响。

第六个问题，税务局主要是想了解公司是不是代理记账，如果是代理记账，就存在内外账数据差异的问题。税务局可以根据是否购买社保这一信息，查企业为多少员工购买了社保。

针对第七个问题，老板要进行主动如实交代。

回答以上7个连环的问题，都要符合商业逻辑，其中任何一个问题的回答不符合商业逻辑，老板还将被第二次或第三次约谈。

在去税务局前，老板最好先向财务人员了解相关的具体数据，或者向财务顾问咨询应该如何回答。

10.3.4 被稽查的常见问题

接到税务局电话的那一刻，中小民营企业老板往往会惊慌失措，不知道该怎么办。首先我们要清楚企业为什么会被税务局稽查。

（1）企业被稽查的常见原因。

①被金税四期大数据侦察到。

②遭到举报。

③涉及国家整治行业。

④被税务机关随机抽查到。

⑤上下游被查，受到牵连。

⑥协查。

（2）税务局一般查什么。

①查合同。

查询双方签订合同的具体内容，从企业实际经营范围及需求出发，查看是否存在异常的交易情况。

②查发票。

看销售方的发票是否符合企业经营范围，购买方收取的发票是否为企业日常经营所需。

③查上下游。

查询上下游的账簿，购买方和销售方针对同一笔交易入账的经济业务内容是否一致。

④查资金流。

以结算方式为突破口，查询银行卡及现金的流向是否存在虚假资金流、资金流异常回流及双方的资金流不一致情况。

（3）中小微企业老板要做到"四流一致"。

①合同流。

②物流。

③发票流。

④资金流。

在面对稽查时，保证"四流一致"，即可提供一条真实完整的证据链，否则很有可能会被认定为存在问题。

（4）常见的应对税务稽查的方法。

一旦被税务局稽查，企业要组织专业的人员认真陪同，积极配合税务局的稽查工作，同时也要提前做好准备工作，并掌握一定的应对方法。

① 积极配合。

② 稽查前做好自查工作，尽早排除隐患。

③ 安排有经验的专业人员陪同。

④ 可以要求有利害关系的稽查人员回避。

⑤ 冷静对待，淡定自若。

⑥ 弄清楚稽查人员提出的重点问题。

⑦ 积极申辩，尽快澄清事实真相。

⑧ 认真审核税务检查工作底稿，看清楚再签字。

⑨ 积极补缴税款及罚款。

在实操中，如果中小微企业老板掌握了这些最基本的内容，被税务局约谈时，至少知道如何从容面对。财税合规、依法纳税势在必行，希望各位中小微企业老板都有纳税的意识。税收是国家财政收入的主要来源，国富民安，有国才有家。

10.4 顶层股权架构节税方案设计

经常有人问我："蔡老师，我在直播平台刷到一条视频，里面介绍了某公司的节税方案，应该怎么用呢？"

在日常经营中，很多老板都是第一家公司赚钱后，再注册一家公司，最后注册了几十家公司。等到年底分红的时候遇到了麻烦，每家公司都是自然人当股东，分红要缴纳20%的个税。遇到这些问题后，老板就开始关注分红方面的节税方案。但是，老板又看不明白这些方案，所以向我咨询如何进行操作。自然人直接持股的架构和公司持股的架构分别如图10-5、图10-6所示。

图 10-5 自然人直接持股的架构

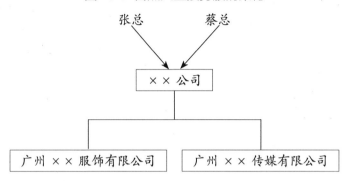

图 10-6 公司持股的架构

公司持股的架构的操作指南如下。

（1）性质：有限责任公司。

（2）时机：营业额达到 3000 万元左右时。

（3）股东：老板和老板娘，或者老板和子女。

（4）公司名称：建议不要取 ×× 集团、控股或投资公司等名称，可以取 ×× 管理咨询、技术、网络、信息、文化传播、实业公司等。

（5）注册地点：建议在上一级行政单位所在地，最好跨省，在老板熟悉、有税收政策优惠和税源充足的地点注册。

（6）好处：可节省 20% 的个税，增加了一道税务风险管控"防火墙"，有利于财产的保护，防止实控人（或老板）丧失对公司的控股权，增加了一个融资主体，便于企业注销，有利于业务板块的分拆布局，可以为上市、企业轻资产运作、股权激励做准备。

第11章 算得精准——预算系统

企业运营,预算先行。预算就是企业对未来将要发生的业务活动做规划,并将规划的结果用数字化的方式表达出来。预算是职业经理人的一种商业承诺。预算是一个过程,包括目标设定、过程控制、绩效考核和升华总结。预算是一种以结果为导向的系统管理工具,是工作计划的货币表达。

11.1 企业的预算现状

您的企业是否存在以下问题？

（1）老板很忙，员工很闲。

（2）企业内部数据混乱，无法制定合理的发展目标。

（3）资源浪费现象严重。

（4）老板对钱没概念，想怎么花就怎么花。

（5）账面上显示赚钱了，但实际上资金紧张。

（6）老板觉得财务出报表比较慢，想让财务做事前管控。

（7）公司的管理漏洞多。

很多中小微企业老板不知道预算是什么，以及为什么要做预算。那么，预算究竟可以给企业带来什么好处？

11.1.1 预算常见的认识误区

企业在推行预算管理的过程中，会遇到各种各样的问题。因为多数员工没有财务基础，对预算不了解，所以很容易产生一些误会。如果财务人员不擅于沟通，将使预算推行难上加难。以下是一些常见的对预算的认识误区。

（1）业务部门认为财务部门瞎折腾。

（2）行政部门认为预算是财务部门的数字游戏，和自己无关。

（3）预算主要是财务部门的事，也只有财务人员能懂、会做。

（4）除了财务，其他部门都是被预算控制的对象。

（5）预算一年做一次，主要是为明年能花多少钱定一个框架。

（6）每月做一次支出预算。

（7）如果实际支出和预算有差异，就调整预算使数字尽量保持一致。

（8）上下互动就是先从下向上报数字，再从上向下批准。

11.1.2 预算的六大困境

企业在搭建财务系统时，整理基础数据困难重重。财务人员想推行预算管理，更是难上加难，需要和各部门斗智斗勇才能完成。负责主导财务系统落地的财务负责人，应拥有高情商和很强的执行力。以下为常见的预算六大困境。

（1）观念落后，认知有误区，认为预算和实际工作关联不大，做不做都行。

（2）高级管理层不够重视。

（3）预算编制不全面，多数企业仅编制了业绩预算和费用预算，没有编制其他板块的预算。

（4）重预算轻控制，在开始编制预算的时候很重视，但执行落地的环节缺乏控制和考评。

（5）内、外账数据不一致，无法提供有价值的参考数据。

（6）重业务，轻财务。在老板看来，只要能拿回订单就能赚钱，其他的都不重要。

11.2 预算管理

预算管理是困扰很多中小民营企业老板的问题。预算和企业的战略目标存在什么样的关系？预算的作用是什么？没有实行预算管理有哪些后果？

11.2.1 什么是预算

预算是企业在预测、决策的基础上，以数字的形式反映企业未来一定时期内经营、投资、财务等活动的具体计划，是为实现企业目标而对各种资源和企业活动所做的详细安排。

预算是企业战略实施的保障，有承上启下的作用，上承公司战略，下启目标分解。可量化、可执行是预算最主要的特征。

案例：企业无预算，员工跳槽

小王和小李是同学，毕业后来到广州，在不同的公司上班。恰逢周末，两人相约到广州塔见面。

小李问："你们公司今年业绩的总目标是多少？现在完成了多少？"

小王一听便说："什么？你们公司还定总目标？我们不知道，反正就是每天到点上班，到点下班，安安稳稳地拿工资。"

小李问："那你们公司有没有做预算培训？"

小王说："我们什么培训都没有，领导交代什么就做什么。"

小李说："我感觉这样的公司不利于你的成长，等我们公司招人的时候，你来我们公司吧。"

小王说："好。"

一个公司没有明确的目标，没有目标分解，员工看不到希望，找不到奋斗的动力，就很容易跳槽去别的公司。

11.2.2 预算的作用

预算是奋斗的目标：预算通过引导和控制经济活动，使企业经营达到预期目标。

预算是协调的工具：预算可以促进企业内部各个部门之间的协调。

预算是考核的标准：预算是业绩考核的重要标准。

案例：目标分解、利益挂钩

广州××传媒公司，2022年上半年业绩目标是3亿元，旗下有几十个主播。

老板说："上半年大家好好干，完成3亿元的目标。"

有一位主播说："这和我们有什么关系？"

其他几个主播听到了，也随声附和着说："是啊，这和我们有什么关系？"

问题出在什么地方？业绩指标应"千斤重担人人挑，人人头上有指标"。而这家公司显然没有把目标分解到人，没有设计相应的考核激励机制。

11.2.3 没有预算管理的后果

有财务意识的老板，一般都会完善财务系统，通过数据来管理各个部门。尤其是播商时代到来，利润空间更加透明化，企业如何提升利润空间？只有通过预算管理，提升各部门的财商意识，每个部门自负盈亏、独立核算，才能提高企业的人效。这就是稻盛和夫所提倡的"一手抓经营，一手抓算盘"。企业如果没有预算管理会导致哪些后果呢？

（1）战略与执行脱节，团队没有执行力。

（2）企业、部门、员工三者之间缺乏有联系的经营目标与考核指标。

（3）企业缺乏一套从计划到执行的系统管理工具。

（4）员工缺乏契约精神，高管、员工不关心企业的收入、费用、成本，公司赚钱难。

11.3 如何编制预算

经常有人问我："蔡老师，你能不能来我们公司讲一下如何编制预算?我们不知道从何处下手,你能不能告诉我们一个比较简单的方法?"

预算管理应坚持精简、共识、承诺、重计划轻编制四大原则。

预算分为哪几种?每种预算包含哪些内容?我们该如何编制预算?图 11-1 所示为全面预算。

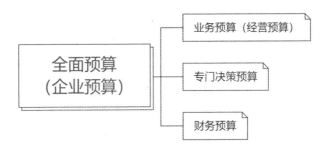

图 11-1 全面预算

全面预算(企业预算):包括业务预算(经营预算)、专门决策预算、财务预算。预算工作的组织由决策层、管理层、执行层和考核层负责。

业务预算(经营预算):指与日常经营活动直接相关的各种预算,包括销售预算、生产预算、直接材料预算、直接人工预算、制造费用预算、产品成本预算、销售费用预算及管理费用预算等。

专门决策预算:指企业不经常发生的、一次性的重要决策预算,如资本支出预算。

财务预算:指企业在计划期内反映有关预计现金收支、财务状况和经营成果的预算,包括现金预算表、资产负债表、利润表、现金流量表的预算等。

还有一些人问我:"蔡老师,常用的预算表有哪些?"现金预算表、销售预算表、生产预算表、管理费用预算表分别如表 11-1 至表 11-4 所示。

表11-1 现金预算表

编制单位： ___年__月__日 单位：万元

项目	1月	2月	3月	4月	5月	6月	7月	8月	9月	10月	11月	12月	合计
期初现金余额													
经营现金收入													
经营现金支出													
现金余缺													
取得短期借款													
归还短期借款													
期末现金余额													

单位负责人： 财务负责人： 制表人：

表11-2 销售预算表

编制单位： ___年__月__日 单位：万元

项目	1月	2月	3月	4月	5月	6月	7月	8月	9月	10月	11月	12月	合计
预计销售量（件）													
销售单价（元/件）													
预计销售收入													
年初应收账款收现													
销售收现													
现金收入合计													

单位负责人： 财务负责人： 制表人：

表11-3 生产预算表

编制单位： ___年__月__日 单位：万元

项目	1月	2月	3月	4月	5月	6月	7月	8月	9月	10月	11月	12月	合计
预计销售量													
加：预计期末结存量													
合计													
减：预计期初结存量													
预计生产量													

单位负责人： 财务负责人： 制表人：

11-4 管理费用预算表

编制单位：　　　　　　　___年__月__日　　　　　　　单位：万元

项目	1月	2月	3月	4月	5月	6月	7月	8月	9月	10月	11月	12月	合计
聘请中介机构费													
咨询费													
诉讼费													
董事会费													
业务招待费													
差旅费													
培训费													

单位负责人：　　　　　　财务负责人：　　　　　　制表人：

如何管理预算

预算管理是在企业账务系统规范以后，才开始推进的。预算导入过程有哪些步骤？如果遇到预算外的费用该怎么处理？如何复盘、总结、升华预算管理工作？

11.4.1 导入预算管理系统的五个步骤

导入预算管理系统的五个步骤如下。

（1）老板设定目标。

（2）各部门负责人确定执行方案。

（3）员工落实执行方案。

（4）老板、业务团队和财务总监进行过程管理。

（5）财务总监、人力总监进行分析与考核。

11.4.2 预算的四种情况

在预算落地的过程中，会遇到很多问题。由于前期大家都没有预算的经验，做出来的预算和实际经营业务经常相差甚远，预算的业务没有发生，却出现一些预算中没有的业务。经过半年到一年的磨合，预算也会慢慢地更加接近公司的真实业务。

案例：预算外费用如何审批

广州××皮业有限公司，营销总监是老板的弟弟。有一天，一个大客户从国外回来了，急需招待费5000元。这个时候出纳要不要借钱给营销总监？

此时应具体情况具体分析，如果招待费不在营销费用预算中，就要走"特批"渠道了。

企业有了预算制度，在花钱的时候，又该如何执行呢？预算大致可以分为四种情况，如图11-2所示。

图11-2 预算的四种情况

（1）计划内、预算内。

制定好预算以后，还要有行动，如今年派多少人参加多少次培训，培训需要花多少钱。每一笔钱都要专款专用，而不是拿到预算后，想怎么花就怎么花。预算看的是结果，计划看的是内容。所以，上级领导或财务部门放款的基本原则是计划内、预算内的立即放款（在资金充裕的前提下），只要没有超出批准者的权限即可。

（2）计划外、预算内。

由于市场环境变幻莫测，企业需要根据实际业务对预算做出调整，在花钱没有超过总预算的前提下，可以把一些钱用在其他项目上。但是，管理者必须先向上一级报计划，待计划被批准后才能调整预算。所以，财务人员既要掌控预算，也要按上一级的批准意见行事，需要从多维度进行思考。

（3）计划内、预算外。

例如，一个业务招待费的预算为8万元，而实际花费了10万元，超出预算2万元。这时，当事人必须向直接上司解释为什么实际花费超出预算2万元。如果直接上司接受部下的解释，就签字放行。这种情况，既可以调整该经理自己的预算分配，也可以在上一级预算里进行调整，视具体情况而定。

（4）计划外、预算外。

如果年初既没有制订计划，也没有做预算，就比较麻烦了，因为当事人要说明现在做计划外的事情的原因，发生了什么特殊情况。如果上级接受解释，同意修改计划，就可以调整预算，或者要求再上一级的经理予以介入，从更高的层面上调整预算。

预算制度是一套非常行之有效的管理方法，既简化了管理流程，又加快了决策速度；还使各级管理人员拥有了充分的自主权和主动权，并体现授权的作用。那么，财务部门在预算执行和监控过程中扮演着什么角色呢？

在实操中，财务部门的主要职责是控制预算事项，定期报告预算的执行情况，保证公司有健康的现金流。但是，财务部门不能干预业务，更不能故意刁难人。只要是计划内、预算内并在签字者权限范围内的费用，应立即放款（在资金充裕的前提下）。如果某项花费不合理，年底可以通过审计检查或追究签字者的责任，与财务部门无关。这是一个至关重要的原则性问题。财务人员灵活应对，方为上策。

11.4.3 预算管理复盘总结与升华

在企业导入预算以后，要时常复盘、总结、升华预算管理。在执行预算的过程当中，遇到了哪些问题？有没有更好的解决方案？在不断复盘的过程当中，会有新的发现。问题的本身就是答案，换个角度去思考，会有不同的解决方案。如何复盘预算管理呢？

（1）目标回顾。

① 预先制订的计划是什么？

② 当初制定预算的目的是什么？

③ 事先设想要发生的事情是什么？

（2）结果陈述。

① 实际上发生了什么事？

② 在什么情况下发生的？

③ 怎么发生的？

④ 与预算目标相比，哪些地方做得好？

⑤ 哪些预算目标没有达到预期结果？

（3）过程分析。

① 实际情况与预期有无差异？

② 导致差异产生的原因是什么？

③ 导致预算失败的根本原因是什么？

④ 如果预算没有失败，成功的关键因素是什么？

（4）规律总结。

① 从预算管理过程中学到了什么新东西？

② 如果有人要做同样的事情，可以给他提供什么建议？

③ 接下来该做些什么？

④ 哪些规律可以直接用于行动？

（5）复盘归档。

① 进行复盘和归档，将这些认识转化成知识，方便传播和查阅。

② 好的经验可以让人少走弯路，工作更顺畅，为团队创造价值。

有些客户问我："蔡老师，我们推行预算管理一段时间了，如何复盘总结？会用到哪些表格？" 表 11-5 所示为销售预算差异分析表，仅供参考，大家可以依据自己的业务需求对表格进行相应的调整。

表 11-5 销售预算差异分析表

编制单位：　　　　　　　　　　___年__月__日　　　　　　　　单位：万元

项目	1月预算数	1月实际完成数	差异数	预算执行率	差异原因分析
预计销售量（件）					
销售单价（元/件）					
预计销售收入					
年初应收账款收现					
1月销售收现					
现金收入合计					

单位负责人：　　　　　　财务负责人：　　　　　　制表人：

案例一：如何制定降低费用的目标

2021 年 12 月，广州 ×× 公司的预算会议上，老板要求财务部降低成本 1200 万元。主要从降低融资成本、销售费用，优化和调整税务筹划等方面去寻找方法。财务总监马上就急了，说："老板，今年财务部费了九牛二虎之力，才将各项成本降低 300 万元，明年的目标定为降低成本 1200 万元，翻了 3 倍，真的无法完成。老板听了非常生气："怎么完不成呢？你以为这个目标是我拍脑袋制定的吗？我在业内了解过，和我们同等规模的企业最近几年都连续降低了 1500 万元左右的成本。至于明年如何降低成本，你们财务部想都没想过，就说不可能。"

如果财务总监换一种沟通方式，可能结果就大不一样了。财务总监可以这样说："我们一定想办法实现这个目标。现有的方法与目标之间还存在很大的差距。我马上回去跟部门人员群策群力想办法，再请教一些同行的朋友、老师，十天以后将新方案向您汇报。如果您有什么好的建议，还请您多多赐教。"

十天以后，财务总监带着降本方案向老板汇报，老板和管理层其他成员可能会提出一些改善建议。财务总监抓紧落实后，再次向老板汇报。

这个时候老板可能会说："你们这个方案还是比较全面、务实的，大概降500万元问题不大，1200万元的目标确实高了一点。这样吧，给你们财务部三个目标：保底目标800万元，这是必须完成的，如果完不成，按缺口部分的5%扣除年终奖金；进取目标1000万元，如果完成了按照10%予以奖励；挑战目标1200万元，如果完成了给予20%的奖励，你看怎么样？"

目标的高与低，一定要让老板自己意识到。你可以引导，但下调目标的决定必须由老板自己主动做出。老板觉得你真的尽力了，而他暂时也没有更好的思路供你参考，这个时候，老板一般就会主动调整目标。

导致目标完不成的原因主要有两个：一是经营管理者的能力有待提高，想不出有效的方案，只能按习惯行事；二是经营管理者的能力是足够的，不缺方法措施，缺的是执行力和过程监督，导致有效的行动方案执行不到位或调整不及时。

而预算管理恰恰就能解决这两个问题，或者说预算管理就是为解决这两个问题而产生的。

预算管理在预算编制阶段，通过资源配置，驱动大家想方设法找出合理有效的行动方案，以保障目标可以实现。预算管理在预算执行阶段，通过过程控制，结合环境变化适时调整预算，保障预算方案执行到位。

预算是基于目标的资源配置和过程控制，在实操的过程中，应不断监督预算执行过程，并及时进行调整，以应对市场变化或经营方案的变化。

案例二：事后管理，难倒销售人员和财务人员

业务员小王有一个600万元的意向合同谈得差不多了，对方老板说："小王，我给了你这么大的一个订单，你是不是要请我吃顿饭？"二人来到一家酒楼，落座后，这位老板毫不客气地点了两瓶飞天茅台。小王知道自己单次报销的限额是1000元，本来想请客户喝两瓶杜康酒，现在既然客户开口了，也就不好说什么了。推杯换盏，酒过三巡后，小王一看账单，瞬间傻眼了——7500元。第二天，小王忐忑不安地去找销售经理签字。下面是三个可能出现的场景，如果你是小王的经理，会选择哪一项？

A.能够理解，提醒业务员下次注意后，就签字同意。

B.严格按照公司制度办事，不予批准。

C.提笔签字，然后让业务员先尝试报销，如果无法报销再考虑。

如果你也是做业务出身，估计你选择B的可能性不大，因为你对业务员的处境感同身受，很能理解业务员的苦衷。

选A的人一般是刚刚担任销售经理职务，斗争经验尚不丰富，为人处世尚不圆滑。多年做销售的职场"老油条"会选C，他会说："你先去财务那边报报看，如果他们不让报你再跟我说，我去想办法。"此时小王就会对他的领导心存感激。结果财务果然不让小王报销。销售经理接着去找老板，一番豪言壮语，告诉老板7500元的费用换来了600万元的合同，老板那叫一个开心，大笔一挥，签字同意报销。

销售经理这一关顺利通过了，这回轮到财务经理为难了。面对这种情况该怎么办？这里也有三个场景选项。

A.按制度规定拒绝报销。

B.只报销公司规定的部分，其余不报销。

C.要求业务员写一个情况说明，再去找老板审批。

选A或B的财务经理大有人在，他们坚持原则，认为为公司把关是一个财务人员的底线。尤其是刚被提拔到财务经理或财务总监岗位上

的人，他们深感责任重大，义无反顾地坚守财务管理制度，结果导致财务部门和业务部门冲突不断。更可悲的是，他们得不到老板的理解和支持，老板责怪财务部门要么一管就"死"，要么一放就乱。

有些财务人员在长期的对"敌"斗争中成长起来，也变得圆滑了。他们要求业务员对于超标情况写一个情况说明，再让业务员去找老板审批。

这里有一个关键点财务经理做得不太恰当，超标后应该是业务员写好情况说明，财务经理先判断该报还是不该报，然后由财务经理出面去找老板最终决定是否报销，而不是让业务员自己去找老板。

如果财务部门由于不太了解业务，实在难以判断，那么就主动、谦虚地向老板请教这种情况该如何处理。在老板的长期辅导下，财务经理的综合能力素质会迅速得到提升。

在这个案例中，最终业务员违背财务管理制度把7500元的费用报销了。财务部门的费用报销管理办法为什么管不住费用呢？因为那已经是既成事实的事后管理了，对既成事实的管理是无效的管理。

如果公司有费用预算，应参考费用预算，当费用超标时，找老板"特批"。如果费用没有超标，就自己根据业务权衡，合同有没有带回来，什么时候给公司汇款，这样至少让业务员心里舒服一些。

财务人员最大的悲哀是为了坚守底线，得罪很多同事，每个部门都有人到老板那里投诉："这个财务人员太死板了，不会变通，情商低。"其实老板也很无奈，老板请财务人员就是为了给公司的钱把关，如果财务人员大手大脚地花钱，请财务人员意义何在？

在老板娘管钱，老板负责业务的家族企业，老板找个出纳人员记录日常收款和费用支出明细，遇到这种情况时出纳人员就是夹在中间的"受气包"。老板娘在抽查财务报销单据时，如果发现了问题会批评出纳人员这种单据不能报销；但如果不给报销，老板又会批评出纳人员"死脑筋"。迫于无奈，出纳人员就很可能会提出离职。

有些老板为了留住坚守原则的出纳人员，会给出纳人员开一个小金库，每个月从老板的费用里拨出来10万元给出纳人员，用于报销被公司财务报销制度限制不能报销的费用。等到月底，把这些单据汇总拿给老板，从老板的费用里扣除，等财务部报销了再还给老板。这时候，出纳人员同时还成了老板的私人助理。这样做的好处是既能让出纳人员学到怎么处理棘手的问题，又能让拿回订单的业务员开心地报销费用。这种事情都是老板特批的，有时候老板出差了，会发信息通知出纳人员，交代哪笔款要给哪个业务员，先让业务员填写借款单，等招待完客户以后，再回来报销。

财务工作既考验一个人的智商和专业素养，又考验一个人的情商和职业素养。财务人员需要与公司各大部门处理好关系，做好跨部门沟通。如果老板培养出来一个专业素养很好、沟通能力很强、人品好、忠诚的财务人员，可以用股权将其留住，即使送出20%的股权也值得，这样可以稳定"大后方"。老板只管在市场上开疆扩土，财务人员负责把后勤打理得井井有条。

我在离职创业前，老板愿意开一个新项目让我负责，给我80%股权，让我帮他打理公司。但是因为我喜欢做财务顾问，所以我毅然决然地辞职出来创业了。

案例三：如何召开预算复盘会议

我在辅导客户的时候，遇到一个很投缘的财务负责人，为人很实在。她说，为了让老板重视预算，她花了很多心思。每月的预算复盘会议，都是提前半个月和老板预约时间，老板答应得很好，可是到开会的时间，老板总是因为有其他的事情参加不了。财务负责人和老板缺席了三次后，也觉得一直不参加不好，就参加了第四次预算复盘会议，但会议才开了15分钟，老板就对她说："真是不好意思，公司临时有急事，要我出面去处理一下。这样吧，后面的会议你替我主持一下，你把控好就行，我先走了。"

这个时候，财务负责人是答应还是不答应？

如果她答应主持会议，接下来可能会出现下面的场景。

营销总监说了一大堆目标没完成的理由，如市场环境不好、新生的竞争对手太多、产品价格太高等。财务负责人作为预算复盘的负责人，追问营销总监接下来如何改进。若不停地追问，营销总监很可能会说："你们财务部门瞎折腾，没事非要做预算，站着说话不腰疼，一点也不理解销售的难处。有本事你来做销售。弄不好，销售人员可能会给你使绊子、穿小鞋，集体闹离职，你怎么收拾残局？老板不可能因为预算落地得不好就不做业务吧。两害相权取其轻，老板也会舍弃预算，重点扶持业务。因为只有把产品卖出去，公司才有钱收。"

采购部负责人说："由于市场波动，很多原材料需要进口，赶上非常时期，材料进不来，现有的供应商都涨价了，产品采购价格目前降不下来。如果非要降的话，那就得暂时不采购，先不生产，等过一段时间看会不会下降。不过，这要和营销部商量，看看最近客户的需求量大不大。如果客户一定要这个产品，也不能因为原材料涨价就不采购吧？丢了客户谁来负责？"

物流部负责人说："我也想降低成本，可是这段时间油价上涨。客户要发货，我们也不能不发吧。我能做到的就是把客户分类，看看哪几个客户发哪家物流，集中调配，把车装满，至于其他的真的是无能为力了。客户下单了，合同也签了，款也收了，不能因为油价上涨不给客户发货吧？客户要是退款，怎么处理？"

生产部负责人说："车间一开，人员全线开工。如果一次只做1000个产品，基本上是亏的，能不能多生产一些，作为库存。销售部肯定想多要库存，有备货什么时候都可以卖。"

站在财务的角度来看，库存就是打了捆的钞票，不能一直放在仓库中，也不能多生产。在生产产品作为库存这件事情上，销售部和生产部站在同一立场。

人事部负责人说:"现在招聘也难。我们公司想找好的人才。工作经验丰富的人,薪资要求也都很高,我们公司给的薪酬待遇又不是很高。我们看上的人才看不上我们。看上我们的人,我们又看不上。"

企划部负责人说:"我们公司都没怎么花钱打广告,你看其他公司都是在各大平台打广告,人家印制的海报、宣传手册、名片质量都很好,而我们选择的都是很一般的。我还想问能不能给我们企划部多批点广告费呢。"

仓库部负责人说:"那些卖得好的产品能不能一次性多备点货,今天送一车明天送一车。有些产品很久都没有出货,都快过期了,到底还要不要?不要就处理掉,放在仓库里占库存空间,新到的货物又没有地方摆放,公司要不要再租一个小仓库?"

财务部的问题暂且不说,就以上这些问题,财务负责人怎么解决?如果老板在,老板可以压阵。但是老板不在,这些人个个都是职场"老油条",财务负责人一个人能应付这么多人吗?显然是不能的。这种场面对于财务负责人来说太被动了,很难把控全局,也很难有一个好的解决方案。

最后财务负责人一看情形不对,知道这些人肯定不好惹,于是溜之大吉。

另外一种场景是,财务负责人说:"老板,请给我1分钟的时间,我说完这句话你再走吧。"然后转身对大家说:"各位负责人,今天预算复盘的主要负责人是老板,现在老板临时有事,我们今天的预算复盘会议就先开到这里,至于什么时候再开,等老板有时间了我再通知大家。辛苦各位了,现在散会。"

老板一听就急了,立即摆摆手说:"大家等一下,会议继续,这个临时的事情,我安排王总去处理。你们等我5分钟,我打个电话给王总说一下。"

就这样,预算复盘会议成功开完了,各个负责人提的问题在老板的协调下也解决了。财务负责人只辅助老板做总结，进行签字确认。

公司预算方案有哪些环节可以再提升，大家集思广益进行分析和探讨，财务人员只负责整理，最终的方案由大家确定。方案是大家提出来的，经过了老板确认，执行的过程中，财务人员只负责监督，看看有什么偏差，及时向老板汇报工作进展情况。这样，财务部门才能和其他部门和谐共事。

在成立预算小组委员会的时候，要把老板请过来做第一负责人，让老板成为预算管理的"一把手"。这样财务人员就可以借助老板的力量，让其他部门给予配合，从而推动预算工作落地。

在开始做预算工作前，财务人员要给老板讲清楚，老板要做预算复盘工作的主要负责人。因为在复盘的过程中，各部门会遇到很多问题，这时只有老板有决策权。

在预算落地的过程中，老板要和财务人员提前规划好哪些事情由老板负责，哪些事情由财务人员做。一般在开会的时候，老板负责主导预算复盘工作，财务人员负责提问。相当于老板在看辩论赛，各部门所制定的目标是否达成了？如果没有达成，原因何在，如何改善？各部门陈述他们的问题，财务人员负责提供各部门月初制定的预算目标和月末实际完成情况，做汇报分析。

如果你的公司也想做预算，但不知道如何落地，建议多学习相关知识，买几本书或参加财务培训课程。我的第一本关于企业落地预算的书籍就是我曾经的老板送的。

那时候我经常出去学习，老板就问："你在哪里上课？咱俩一起去吧。"于是，我就带着老板一起上课学习。我们在课堂上研讨回公司后如何预算落地。老板教我如何进行分工合作，哪些工作是我做的，哪些工作是老板做的。老板说："得罪高管的话，我不能说，要你来说。如果你把高管得罪了，我再把高管哄开心。你不用担心他们当面质疑你，也不用担心他们说你不好。你是替我得罪他们的，不用怕，我给你撑腰。"

我说："如果我把他们得罪了，他们闹离职怎么办？"老板说："不用担心，只管大胆去做，他们不会离职的。万一这家企业折腾'死'了，咱们再注册一家公司，'死'也要知道是怎么'死'的。"

后来，我们没有把公司折腾"死"。有问题了我就去请教老板，老板告诉我如何与每个部门的人沟通。

在推行预算的过程中，确实会遇到很多问题。如果老板和财务没有站在同一条战线，预算落地就会面临很大的困难。

案例四：老板不懂预算，乱指挥

有些企业老板看到别的企业做预算，于是也让自己的财务做预算。殊不知，别的企业是经过系统化学习后，才开始推行预算的。一个没有学习过预算管理的老板，怎样做预算呢？

广州××商贸公司，老板要做预算管理，各部门提交预算费用，财务人员负责统计。

每次销售部门预算不够的时候，营销经理就直接向老板汇报，然后老板通知财务调整预算，既没有单据，也没有审批流程。财务经理要求营销经理填写预算调整申请单，营销经理以老板已经同意为由拒绝填写。财务经理因缺乏调整手续延迟了费用审批，营销经理为此向老板告状，财务经理被老板批评了一顿。

财务经理觉得很委屈，老板让做预算，又带头违反预算管理规定，到底该怎么做？无奈之下，只能默默地记录一笔：××××年××月××日，老板要求财务部为销售部调增广告费预算100万元，营销经理拒绝填写预算调整申请单，故立此为据。

这又是一个老板不懂预算管理而乱指挥的典型案例。假设这位老板对预算管理略知一二，管理方式和管理效果可能就会与本例有天壤之别。懂预算管理的老板会说："这样吧，你先填写预算调整申请单，然后报财务经理审核，再让财务经理来找我审批。既然咱们设立了预算的流程，就要按照流程来办事，只要需求是合理的，都可以申请调整预算。申请单上必须按要求说明要调增预算费用的原因。是受大环境影响还是受竞争对手影响？是不是竞争对手投了广告费用？这给你的业务带来了什么影响？如果本次预算不调整，你们销售部门的目标是不是就很难完成？如果这次追加广告费预算以后，是不是你定的业绩目标就能完成？你要对你承诺的销售收入增长指标和毛利增长指标负责，我会让财务跟进这件事情。"这样，无形之中也给营销经理施加了压力，钱可以放款，但是要赚更多的钱回来。

  当然，如果这次调整广告费预算，是因为销售部门及时捕捉到外部大环境变化，或者打探到竞争对手要投放广告了，灵活变通地做出的预算应对方案，老板应对这种业务行为予以支持。凡事都要一分为二地去看待，毕竟谁也掌控不了瞬息万变的市场。

第**12**章 内控有方——内控系统

如何防止业务人员和采购人员吃回扣？如何防止出纳人员监守自盗？如何防止业务人员和代理商低价倾销？如何防止仓库人员倒卖库存？这一系列问题，迫使中小民营企业老板不得不搭建自己的财务内控系统。

12.1 企业常见的内控问题

有些老板问我:"蔡老师,怎样防止业务人员吃回扣呢?"

老板向我介绍了业务人员是如何和客户采购人员一起吃回扣的。例如,出售一件衣服,可以给采购方2元的好处费。因为业务人员是公司内部人员,知道公司供应给大客户的底价及需要采购多少量,就会把这些信息透漏给对方。如此公司业务人员和客户采购人员一唱一和,一起吃公司的回扣。老板问我有没有应对方法。我们要分析为什么会产生这种舞弊现象,图12-1所示为舞弊铁三角。

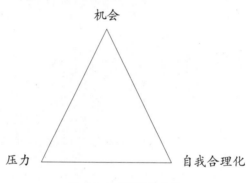

图 12-1 舞弊铁三角

机会:我们要知道,员工有没有舞弊的机会,与他所在的岗位是否和钱、物有关。如果岗位和钱、物有关,员工就很可能会产生把钱放进自己的腰包的想法。

压力:当今社会,车贷、房贷、孩子的教育经费等都需要用钱来解决,虽然钱不是万能的,但是没有钱是万万不能的。

自我合理化:每个人在做一件事情前,都会提前给自己找好理由。例如,业务人员的工资和提成少发了,或者绩效考核有失公允,导致其心理不平衡。甚至业务人员携款潜逃也是有可能发生的,因为他觉得公司欠他的。

当这三种情况同时存在的时候,企业就会出现舞弊的现象,而且概率很高。

12.1.1 常见的贪污手段

一些初创企业的老板,由于缺乏企业运营管理的经验,就想具体学习一些方法。这里给大家列举一部分主要的贪污手段,仅供参考,如图12-2所示。

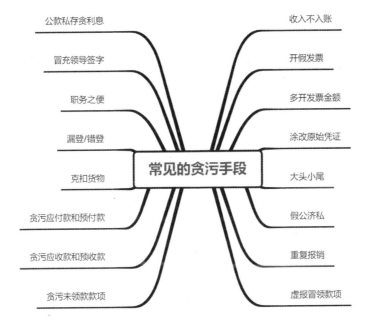

图 12-2 常见的贪污手段

(1)收入不入账:把收入的原始凭证截留下来或销毁,不做收入入账,甚至收款后全部或部分不开发票、收据。

(2)开假发票:开假发票、假收据报销,甚至用白条虚报费用进行贪污。

(3)多开发票金额:多开发票金额以贪污其差额。

(4)涂改原始凭证:对收款业务涂改发票、收据记账联等原始凭证以减少票据金额,对付款业务涂改发票、收据等原始凭证以加大票据金额,从而进行贪污。

(5)大头小尾:一票两开,贪污发票或收据联与记账联之间的差额部分。

（6）假公济私：把私人购物等的票据，作为公用开支的报销凭证报销。

（7）重复报销：一笔业务报销两次。

（8）虚报冒领款项：发放工资、奖金等款项时，采取虚报人数、冒领的手段进行贪污。

（9）贪污未领款款项：将他人应领未领的款项不收回入账而贪污，甚至还在领款人签名栏内签上应领款人的姓名。

（10）贪污应收款和预收款：不将已收到的应收款和预收款交给财务部入账，而是占为己有。

（11）贪污应付款和预付款：不将付出的应付款和预付款打给对方，而是占为己有。

（12）克扣货物：货物保管人员在发出货物时，采取"缺斤少两"等手段进行克扣，然后将出售克扣货物的收款占为己有或进行私分。

（13）漏登/错登：财务人员采取故意漏登收入账、重登支出账或错登账的手段进行贪污。

（14）职务之便：利用管理现金、银行存款的职务之便，直接将现金占为己有，或者将现金或银行存款转入其他单位或个人，然后再由对方取出归己。

（15）冒充领导签字：对不应报销的发票、收据，冒充领导签上"同意报销"的字样，以达到中饱私囊、据为己有的目的。

（16）公款私存贪利息：公款私存，贪污利息。

12.1.2 内控方法

有些客户说："蔡老师，我也想把内控做好，你能帮我总结一下该从哪几个方面入手吗？"这里为大家整理实操中常用的部分内控方法。

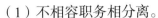

（1）不相容职务相分离。

广州××鞋业有限公司刚成立时，采购、会计、出纳、仓管都是由一个人负责。该公司经营两年以后，这些工作还是由一个人负责。该公司负责人李总来我办公室问："蔡老师，一个人兼做采购、会计、出纳、仓管岗位，有没有问题？"我说："管钱的不管账，管账的不管钱，钱、账、物三者要分离。仓库和采购怎么可以由一个人负责？你的公司还是四个岗位由同一人负责，这不是给员工制造贪污腐败的机会吗？"

解决思路：职务分离，会计管账，出纳管钱。采购只负责采购，仓管只负责仓库的进销存数据，会计可以抽查仓库的货物是否账实相符。

（2）授权审批。

广州××电子有限公司，老板的大哥负责研发，三弟负责业务，老板娘负责出纳，四弟负责仓库，会计是外聘人员。因为业务发展所需，经常需要请客户吃饭，餐费为300～1000元不等。在家族企业中，会计怎么做审批呢？会计是不是发票照单全收，多少金额都要报销？

解决思路：授权审批，可在报销制度中注明，300元或500元以下的业务招待费，业务经理授权；超过500元的业务招待费，总经理审批。如果没有总经理审批，财务人员可以拒收报销单据。

（3）会计系统。

广州××化妆品有限公司刚成立不久，仓库管理都是自己人。和大客户也都认识，因为要经常调换产品，通常直接从仓库调换。有一次，西安的省代理商着急要一批货物做促销，直接给该公司仓管员打电话要求发货，并说他和老板说过了，可以直接将货从仓库发走。结果仓管员忘记开销售单了。等到月底对账的时候，对方财务说你们漏了一笔20万元的货物。遇到这种情况，怎么办？

解决思路：完善流程，先开销售单，财务才可以统计应收账款。否则，仓管员直接把货卖了财务也不知道。

（4）财产保护。

广州××服饰有限公司的一个仓管员把新款潮流服饰五折倒卖了，并将40万元的服装款汇到自己的私人账户。

过了一个月，客户给老板打电话问货怎么还没收到，老板一查才发现货被仓管员倒卖了，怎么办？

解决思路：岗位设置上，最好不要将入库人员和发货人员设置为同一个人，有人负责备货，有人负责发货。每一份出库单都要有备货人、发货人、仓管员的签名，责任共担，互相牵制。

（5）预算控制。

广州××服饰公司的营销总监因为经常请客户吃饭，不记得哪些餐费报销了，哪些没有报销，有的餐费是用收据报销的，有的餐费是用发票报销的，有时候忘记开发票，就自己写一个报销单申请报销。这种行为在中小微企业很常见，如何把控呢？

解决思路：完善报销流程，建立完善的财务制度、报销流程；同时，推行预算管理，制定营销部门费用预算，形成预算超支解决办法。公司进行预算控制，并不是故意为了刁难营销部门，而是让其知道钱是不可以随意花的。赚取一分是毛利，节省一分是净利。

（6）运营分析。

北京××教育有限公司采用多渠道增加公司业绩。该公司给代理商的报价各不相同，因为最初的方案制订出了纰漏，导致分公司总经理和客户一起贪污分赃学员的课程费用。例如，只要代理商交30万元的费用，成立一个××书院，就可以无限制地安排人上课。然后，深圳分公司总经理伙同××书院的客户一起低价倾销课程、分钱。用分公司的名义收客户，用××书院的名义报名上课。因为用××书院名义上课学习，无须再次缴纳课程费用，分公司总经理和××书院的客户把收到的课程费用私下分了。还有些代理商直接按照成本价将课程卖给客户，扰乱市场。如何对这种行为进行监管？当这些学员一起上课的时候，谈论起报名费，同一组的学员发现费用不一样，顿时就心理不平衡了。有的学员要求按照正常市场价格卖课程的代理商退款，怎么办？

这些问题是财务人员能解决的吗？显然不是，这是公司上层决策出了问题。

解决思路：从价格管理控制来讲，企业应该制定统一的市场定价和折扣政策，并经过适当授权审批。这样既维护了企业形象和市场秩序，又保护了企业资产安全。企业需要明确规定给予不同层级的代理机构不同的采购价格，但是最终都要以市场价格销售，以免扰乱市场。若出现低价恶意竞争，一经查实，取消代理资格。

市场鱼龙混杂，如何查证？这就需要在总部设立市场审计专员，经常走访市场，或者组织一支"影子部队"，潜伏在市场上。

（7）绩效考核。

北京××有限公司总部的方针策略是分公司第一年不考核人数，只要分公司能运营下去就行。山东区域分公司的总经理每个月给自己的妻子发5000元工资，但妻子并不在该分公司工作，分公司所有人都知道，但没人敢向总部举报。问题出在哪里，如何解决？

解决思路：这种情况明显是绩效考核出了问题，人力专员要经常在全国走动，而不是仅仅坐在总部办公室。另外，人力资源部门的负责人应该是董事长的人，不能是运营总裁的人。如果一个企业从销售到人力资源和后勤服务的人员都是运营总裁的人，明显董事长就是被运营总裁架空了。董事长不能只管控财务部，因为财务部的领导也有可能倒戈运营总裁，运营总裁换一个招牌，重新起盘一个项目，一样可以做起来。

董事长有四个核心权力不能失控：销售大权、人力大权、财务大权、技术研发权。

（8）现场查验。

广州××珠宝有限公司有一款产品由于设计的款型比较多，再加上一些客户退货或换货，经常出现差错。有一天，经理来视察工作，发现新款产品不在展览区，就问店长新款产品在哪。店长说："我也不清楚，这个区域是小王负责的。"于是他们一起去找小王询问。最后，小王在一个维修盒中找到了。这是粗心大意造成的后果。

解决思路：现场盘点，每天上下班时间，盘点当天柜台里的展品、库存，以及退货、换货数量，每天上报盘点单。

案例一：老板"一支笔"签报销单据

广州××有限公司的负责人王总喜欢什么事情都亲力亲为，尤其是公司费用报销相关的事，他要知道钱都花到哪里去了。公司所有的费用报销单据，都经过王总一手审批。

有一次，朋友李总来看王总，看到他桌子上放着一堆报销单据，就问王总："你们公司没有财务经理吗？"

王总说："有财务经理啊。"

李问："那为什么这些报销单据都堆在你这里呢？"

王总说："我们公司的报销单据，都是我亲自审批的。"

李说："所有的报销单据都是你签的？那你的财务经理岂不成了摆设？如果公司的费用过多、利润减少，如何控制？你怎么考核财务经理？"

王总一听这话说得有道理，就寻思着要不要把单据报销权限给财务经理。最终，王总还是决定自己审批单据，因为他担心财务经理会乱报销。

等到2020年底的时候，公司要给员工发年终奖了，王总心想员工都很辛苦，决定多发一些年终奖。王总让财务经理把利润算出来，看看今年赚了多少钱，可以拿出多少钱来分。财务经理算完账后告诉王总，今年赚了100万元。王总说："不可能，今年的业绩比去年好，怎么可能只赚了100万元呢？"王总让财务人员把费用明细打出来，一看就蒙了——怎么这么多费用？财务经理说："这些费用都是您签单报销的。"

王总把自己关在办公室里半天，回想起当初李总和他说的话——让财务经理负责签报销单据，考核财务经理如何降低费用。王总气得拍着大腿说："早该这么干了，我怎么这么糊涂呢？不行，我得想个办法让财务经理去控制费用。"老板签报销单据，费用控制的责任就落在老板身上了。但是控制成本和费用，是财务部的职责所在。

等到年底开会的时候，王总说："因为之前我不懂财务管控，什么单据都是我签的，财务部没有发挥出最大的价值。从春节后开始，公司所有的报销单据，全部由财务经理负责审核，设定报销流程。人事部组织财务培训，让其他部门学习报销单据如何填写，限定各部门负责人的审批权限，最后找财务经理审核，如果超出××元的，财务经理找我签单。这样，我也有时间去对接资源，为公司创造更大的发展空间。"

转眼间，半年过去了，王总每个月向财务经理要报表，看看费用的汇总，对比超支的费用，并让财务经理解释原因。就这样，持续了几个月后，王总找到感觉了。他对财务经理说："现在你负责审核单据，我还能多出去对接一些优质资源，寻找几个营销高手，咱们的业绩做好了，年底就可以给大家多分钱。你把大后勤给我管理好了，年底我额外给你个大红包。"

到了2021年底，王总兑现承诺，给员工发年终奖，每个员工都很开心。王总又请财务经理来办公室喝茶，额外给财务经理一个大红包。

王总和财务经理商量说："你来公司工作3年了，咱们配合得挺默契的，我准备给你一些股权，你觉得20%可以吗？以后你就在这好好干，公司赚得多了年底分红就给你多分点，赚得少了就少分点，比你来回换工作好。你给我管理好财务，我去开发市场，这样可以吗？"

财务经理说："可以，您和老板娘都对我挺好的，我就跟着您好好干。您放心地去开拓市场吧，我把财务管理好。"

就这样，老板把财务经理变成了股东。财务经理会不会控制好成本、费用？肯定会。为什么呢？因为年底财务经理也要分钱，他现在是给自己干，不是给公司干。身份角色发生了变化，财务经理工作的动力就不一样了，他每天工作都激情满满，主动加班，尽心尽力检查各个环节是否存在"跑冒滴漏"现象。老板看在眼里，喜在心头。

还有很多中小企业创业老板，存在"一支笔"签字报销的现象。希望大家看到这个案例以后，思考一下老板应该把时间用在哪里。如果把时间用在签报销单据上，是不是太浪费时间了？老板出去对接一个资源，洽谈一个合同或在市场上招聘几个营销精英，是不是能为公司创造更多的利润？聚焦在哪里，结果就在哪里。希望这个案例能给更多的中小微企业老板带来启发，思考自己的时间应该用在哪里。

案例二：部门之间利益捆绑，员工协同作战创利润

佛山××家具有限公司，在每个月5日的经营分析会上，通常营销部受表扬比较多，生产部受批评比较多。为此，生产部经理私下也经常抱怨。经过了解后，我发现，原来这家公司的销售部和生产部总是协调不好工作，经常出现订单更改，生产计划调整不及时等现象。

例如，销售部业务员小王明明和客户约定5天交货，但是跟生产部经理说2天交货，让生产部经理连夜加班。有一天，另一个业务员小李来生产部给客户拍样品，就找到了生产经理。小李一看生产经理双眼通红，就问他是不是最近很忙。生产经理说："小王这两天要出货，正连夜加班给他赶货。"小李说："小王的订单期限不是5天吗？怎么这么赶呢？"生产经理说："小王说的是2天，所以我们加班加点在赶工。"小李说："提前做出来也好，免得临时赶不出来，如果有不合格产品，咱们也有时间调整。"

等这批货出完以后，生产经理心里就记下了这一笔账。过了几天，业务员小王又接到订单了。生产经理说："暂时没货，晚几天交吧。"实际上生产部是有货的，生产经理就是为了报复一下小王，让他也心里不舒服。生产经理明明当天可以交货，但他和小王说要晚3天交货。

这种事情在很多公司也会发生，因为大家没有换位思考，销售人员为了尽快给客户交货，缩短了车间的生产时间，导致车间人员加班加点赶工。那么生产经理有货却说没货，这种做法对不对呢？显然也是不对的，因为客户着急要货，如果3天以后才出货，客户很有可能就去别的公司买了。如果产品卖不出去，会导致公司没有利润。

最终这件事情被老板知道了。此时，老板要想办法解决问题。出了问题如果不解决将导致内耗，进而影响公司业绩。

有一天，老板给我打电话问："蔡老师，你知道有什么方法可以让营销人员和生产人员加强协调配合吗？"我说："有啊，你把他们的利益进行捆绑。"老板问："怎么捆绑？"我说："你们有跟单人员吗？让销售跟单和生产跟单自己去沟通，然后再把他们的奖金和这些事项挂钩就可以了。"

在下个月的生产经营分析会上，老板宣布成立跟单小组，用于协调营销部和生产部的订单出货时间及退货返修等问题。此外，还成立了产销协调小组，小组组长为老板，成员包括营销总监、生产部经理、销售跟单人员和生产跟单人员，共5人。其实，老板只是挂名组长，主要是担心他们再起内讧。

小组中其他4个人的奖金每个月按照3个指标进行考核，首先考核销售计划完成率，其次考核成本控制率，最后考核销售订单的更改率。销售订单更改率是考核协同效果的，订单更改的次数越多，说明4个人之间的配合越差；反之，则配合越默契。

老板定了这3个指标后，明显感受到了生产部和销售部之间的改变。

销售部再接到客户电话时，处理方式发生了变化。

销售跟单说："王总，您这个订单等我跟生产部协调一下。"挂断电话后，销售跟单和生产跟单协商说："你们帮忙先做一个产品，客户急着要交货，你们看一下刻花模具要不要换？"

生产跟单说:"刻花模具要换,换模具需要2个小时。"

销售跟单说:"那你们看交货需要几天的时间?"

生产跟单说:"6天时间会比较好,5天可以做完,留1天检查,万一有什么不合格产品,咱们可以随时调换,免得客户再返修,浪费运费。"

销售跟单说:"那我跟客户商量一下,尽量把时间延长到6天。"

然后销售跟单再给客户打电话说:"王总,您的订单6天可以完成,您看可以吗?这还是生产车间加班给您插单的。您也知道现在是旺季,要排单的。"

客户说:"可以。"

销售订单就这样完成了,销售部为客户争取了时间,也给生产车间留足了时间。公司成立跟单小组,把各部门的考核指标相关联,彻底改变了以往"互相扯皮"的现象,大大提高了工作效率。

对于公司管理来说,工作效率最高的管理方式是横向管理。例如,销售业绩完成的前提是生产、采购、运营等多个部门配合。要达成这样的目标,可以通过利益捆绑提前为各部门建立系统和联系,每个月每个部门都达成协同机制,相互配合。

12.2 如何防止出纳人员监守自盗

刚成立的企业,由于缺乏完善的财务制度,往往会出现出纳人员监守自盗的情况。如何才能防止出纳人员监守自盗呢?

广州××供应链公司,在淘宝、京东、天猫等平台有多家店铺,刚开始都是用个体户登记的,绑定的多是私人账户。为了便于出纳统计,公司就让出纳人员在各大银行开了多个银行账户。结果出纳人员拿着钱去买彩票了,最终导致公司亏了几十万元。怎么办?

12.2.1 库存现金的清查

有些客户问我："蔡老师,如何做好库存现金的清查工作,有没有具体的方法?"这么多年我就是这样一路被客户问过来的,客户问什么,我就整理什么。

库存现金清查应采用实地盘点法,确定库存现金的实存数,并与库存现金日记账的账面余额进行核对,确保账实相符。

库存现金清查主要有以下 2 种方法。

(1)出纳人员在每日业务终了时清点库存现金实有数,并与库存现金日记账的账面余额进行核对,做到账实相符,这是出纳人员需要做的经常性的现金清查工作。

(2)成立专门的清查小组对库存现金进行定期或不定期清查。清查小组来时,出纳人员应将有关现金的全部收付款凭证登记入账,结出库存现金余额并填写在"库存现金盘点报告表"的"账存金额"栏。清查小组盘点时,出纳人员务必在场,库存现金由出纳人员经手盘点,清查人员进行监督。同时,清查人员还应认真审核库存现金收付款凭证和有关账簿,检查财务处理是否合理合法,账簿记录有无错误,以确保账存数与实存数相符。

库存现金的清查,既要检查账证是否客观、真实,是否存在违反现金管理制度的行为,如白条抵库、超限额留存现金、公款私存等,又要检查账实是否相符。

在库存现金清查结束后,直接填制如表 12-1 所示的库存现金盘点报告表,由盘点人员、出纳人员共同签名盖章,并据以调整现金日记账的账面记录。库存现金盘点报告表兼有盘存单和实存账存对比的作用,是反映库存现金实有数和调整账簿记录的原始凭证。

表 12-1 库存现金盘点报告表

单位名称：　　　　　　　　　　___年___月___日　　　　　　　　　单位：元

实存金额	账存金额	对比结果		备注
		盘盈	盘亏	

盘点人：　　　　　　　　　　监盘人：　　　　　　　　　　复核：

12.2.2 银行存款的清查

有些客户说："蔡老师，库存现金的清查方法我学会了，你能不能再帮我整理一下关于银行存款的清查方法？"

如何做好银行存款的清查工作呢？银行存款日记账与银行对账单数据不一致的原因有哪些，如何查找？

银行存款的清查是通过将本单位银行存款日记账的账簿记录与开户银行的对账单逐笔进行核对，来查明银行存款的实有数额。银行存款的清查一般在月末进行。

（1）银行存款日记账与银行对账单不一致的原因。

企业将截止到清查日所有银行存款的收付业务都登记入账后，对发生的错账、漏账应及时查清更正，再与银行的对账单逐笔核对。如果二者余额相符，通常说明没有错；如果二者余额不相符，则可能是企业或银行一方或双方记账过程有错误或存在未达账项。

未达账项是指企业和银行之间,由于记账时间不一致而发生的一方已经入账,而另一方尚未入账的款项。

未达账项一般分为以下四种情况。

① 企业已收款记账,银行未收款未记账的款项。

② 企业已付款记账,银行未付款未记账的款项。

③ 银行已收款记账,企业未收款未记账的款项。

④ 银行已付款记账,企业未付款未记账的款项 。

上述任何一种未达账项的产生,都会使企业银行存款日记账的余额与银行发出的对账单余额不符。所以,在与银行对账时应先查明是否存在未达账项,如果存在未达账项,就应该编制银行存款余额调节表,据以调整双方的账面余额,确定企业银行存款实有数。

(2)银行存款清查的步骤。

银行存款清查工作分为以下四个步骤。

① 根据经济业务、结算凭证的种类、号码和金额等资料逐日逐笔核对银行存款日记账和银行对账单。凡双方都有记录的,用铅笔在金额旁打上记号"√"。

② 找出未达账项,即银行存款日记账和银行对账单中没有打"√"的款项。

③ 将银行存款日记账、银行对账单的月末余额及找出的未达账项填入银行存款余额调节表,并计算出调整后的余额。

④ 调整平衡的银行存款余额调节表经主管会计签章后,呈报开户银行。

银行存款余额调节表的编制,是以双方账面余额为基础,各自分别加上对方已收款入账而己方尚未入账的金额,减去对方已付款入账而己方尚未入账的金额,其计算公式如下。

企业银行存款日记账余额+银行已收企业未收-银行已付企业未付=银行对账单存款余额+企业已收银行未收-企业已付银行未付

银行存款余额调节表如表 12-2 所示。

表 12-2 银行存款余额调节表

编制单位：　　　　　　　　　___年__月__日　　　　　　　　单位：元

项目	金额	项目	金额
银行存款日记账余额		银行对账单余额	
加：银行已收企业未收		加：企业已收银行未收	
减：银行已付企业未付		减：企业已付银行未付	
调节后余额		调节后余额	

会计主管：　　　　　　　　　　　　　制表人：

（3）银行存款余额调节表的作用。

① 银行存款余额调节表是一种对账记录或对账工具。但它不能作为调整银行存款账面记录的依据，即不能根据银行存款余额调节表中的未达账项来调整银行存款账面记录，未达账项只有在收到有关凭证后才能进行有关的账务处理。

② 调节后的余额如果相等，通常说明企业和银行的账面记录没有错误，该余额通常为企业可以动用的银行存款实有数。

③ 调节后的余额如果不相等，通常说明一方或双方记账有误，需进一步追查，查明原因后予以更正和处理。

财务人员在实操中，第一次操作可能觉得有难度，多操作几次，就会熟能生巧。记得当初我们财务部在出现 0.1 元的金额对不齐的情况时，查找了好几天。企业在不断查找的过程中，会总结出来适合自己的方法。

12.3 如何进行实物资产清查

广州××制造有限公司是一家门业公司，采用"产供销一体"商业模式。车间换下来的一些不太好用的机器堆在垃圾堆旁,被某些有心机的人倒卖了,怎么办?

实物资产主要包括固定资产、存货等。实物资产的清查就是对实物资产在数量和质量上进行清查。常用的清查方法主要有实地盘点法和技术推算法。

(1)实地盘点法,指在物资存放现场通过逐一清点或用仪器计量确定实物资产实存数量的一种方法。其适用的范围较广,且清查结果准确可靠,但工作量较大。

(2)技术推算法,指通过量方、计尺等技术推算实物资产的结存数量。这种方法只适用于成堆、量大而价值不高且难以逐一清点的实物资产的清查,如露天堆放的煤炭、砂石等。

企业在对实物资产的数量进行清查的同时,还应对实物资产的质量进行鉴定。为了明确经济责任,在实物资产清查过程中,实物保管人员和盘点人员必须同时在场。企业对于盘点结果,应如实登记盘存单,并由盘点人员和实物保管人员签字或盖章,以明确经济责任。盘存单既是记录盘点结果的书面证明,也是反映实物资产实存数的原始凭证。盘存单如表 12-3 所示。

表 12-3 盘存单

单位名称:　　　　　　盘点时间:　　编号:
财产类别:　　　　　　存放地点:

编号	名称	计量单位	数量	单价	金额	备注

盘点人:　　　　　　　保管人:

企业为了查明实物资产实存数与账存数是否一致,确定盘盈或盘亏情况,应根据盘存单和有关账簿的记录,编制实存账存对比表。实存账存对比表是用于调整账簿记录的重要原始凭证,也是分析产生差异的原因、明确经济责任的依据。实存账存对比表如表12-4所示。

表12-4 实存账存对比表

单位名称：　　　　　　　　时间：　　　　编号：

编号	品名	计量单位	单价	实存		账存		对比结果				备注
								盘盈		盘亏		
				数量	金额	数量	金额	数量	金额	数量	金额	

盘点人：　　　　　监盘人：　　　　　复核：　　　　　财务负责人：

第13章 投融有道——投融资系统

市场上的项目"满天飞",作为创业者,我们究竟应该投资哪些项目呢?现金流紧张,我们应该通过哪种方式融资,是先投资,还是先融资呢?企业融资的方式有哪些呢?这些问题是很多创业者面临的。

13.1 如何选择投资的赛道

结合国家政策导向及市场需求，我认为以下几个行业在未来20年将具有较好的市场发展前景。

（1）娱乐与餐饮相关行业：娱乐行业会有很好的发展，有口才的人（会说、会唱等）将大放异彩。同时，餐饮行业，特别是与健康产品相关的特色餐饮或连锁餐饮会很受欢迎。创业者在选择该赛道时，应走行业细分化、产品差异化策略之路。

（2）医美与健身相关行业：美容美护，健身塑形，如瑜伽、舞蹈等。

（3）婚礼与庆典相关行业：除了传统的婚庆行业，创业者还可以在活动庆典相关行业中寻找机会，如红娘公司或高端单身俱乐部。

（4）智能智造相关行业：未来人工智能、无人驾驶汽车、机器人等会逐渐普及，大量工作岗位可能会被人工智能和机器人所替代，如很多技术要求不高的基础性财务工作。

（5）针对三高的医疗行业：目前"三高"人群越来越年轻，很多40多岁的人受到"三高症"困扰，起调理作用的绿色、环保、无污染的"三高"营养干预产品将受到市场的欢迎。

（6）解决孤独的相关产业：现在单身主义者越来越多，他们渴望自由，不愿意结婚，也不想生孩子，饲养宠物是他们排解孤独的理想选择。宠物医院、宠物学校、宠物服饰等和宠物相关的行业，会有很大的发展空间。

（7）文化与教育相关产业。教育、科技、人才是全面建设社会主义现代化国家的基础性、战略性支撑。必须坚持科技是第一生产力、人才是第一资源、创新是第一动力，深入实施科教兴国战略、人才强国战略、创新驱动发展战略，开辟发展新领域新赛道，不断塑造发展新动能新优势。有教育情怀的创业者，可以结合党的二十大报告的内容，选择一些和教育相关的行业。

此外，与艾草相关的大健康行业、新基建、乡村振兴、健康中国、节能环保、职教改革、碳达峰、碳中和等项目，也是热门的投资赛道。

13.2 中小企业融资的方法

中小企业常见的融资方法有以下几种。

（1）股权融资：股权融资容易分散股权，被其他股东牵制。如果股权分得不好的话，还容易埋下隐患。

（2）债权融资：企业通过举债的方式进行融资。债权融资所获得的资金，企业要支付利息。

（3）众筹融资：众筹融资运营方法操作不当的话，很容易做成非法融资。

（4）招商融资：招商融资是最好用的方法，包括招人、招资、招市场。招商是推动企业战略落地、促进企业实现长久发展的重要举措，是营销模式和业务模式的升级与变型。

13.2.1 招商的种类

有些客户问我："蔡老师，你能不能给我介绍一下招商的种类，我也好根据自己的业务选择相应的招商方式。"招商分为开会招商和不开会招商两类，分别如图13-1、图13-2所示。

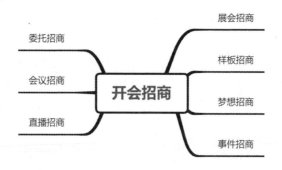

图 13-1 开会招商

图 13-2 不开会招商

13.2.2 招商的五大策略

在辅导客户的八年时间中，经常有老板问我："蔡老师，我也想招商，可是不会策划。怎么进行招商策划呢？"招商的五大策略如图 13-3 所示。

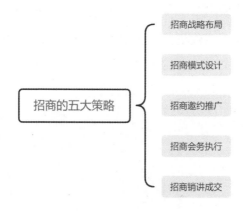

13-3 招商的五大策略

13.2.3 招商销讲的核心

招商销讲是整合不同行业资源和人脉最有效、最快捷的方式。招商销讲的核心如图 13-4 所示。

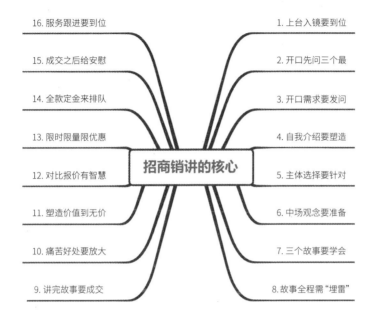

图 13-4 招商销讲的核心

业财融合一体化，没有业务就没有财务。只有打通业务全流程，才能更好地设计财务核算模型。招商为企业开源，财务为企业节流，招商和财务双剑合璧，为您的企业保驾护航！